서울대학교 사회과학연구원 학제간연구총서 3

대학의 미래

서울대학교 사회과학연구원 학제간연구총서 3

대학의 미래

유홍림·김기현·김주형·민기복·이지현·장원철 지음

인간사랑

차례

I. 프롤로그: 위기와 불확실성 시대의 대학

현대 사회의 급격한 변화와 미래를 탐구하는 학자들이 가장 많이 사용하는 두 가지 키워드를 추리자면 아마도 '위기'와 '불확실성'일 것이다. 현재 우리가 경험하고 있는 위기의 양상은 다층적이고 복합적이다. 코로나 팬데믹의 위기를 거치면서 정치 갈등, 경제 양극화, 사회통합의 위기가 심화되고, 인구 절벽과 기후환경 위기 등의 문제도 심각하다. 이렇듯 다층적 위기가 복합적으로 전개됨에 따라 미래 전망은 더욱 불확실하다. 한편으로 디스토피아의 도래를 예견하는 암울한 전망이 널리 퍼지는가 하면, 다른 한편 획기적인 과학기술의 발전을 통해 당면한 문제들을 해결할 수 있다는 장밋빛 전망이 힘을 발휘하기도 한다.

위기와 불확실성이 증폭함에 따라 사회의 모든 영역에서 혁신이 시도되고 있다. 그러나 혁신의 명분으로 제시되는 '4차 산업혁명' 또는 '디지털 전환' 등의 거대 담론의 의미와 실체가 무엇인지에 대한 엄밀한 검토와 성찰은 뒤로 밀려난 채, 정부와 민간 영역 모두 새로운 패러다임의 필요성을 강조하고 있다. 이러한 상황에서 중세 이후 여러 차례의 사회 변동과 맞물려 성쇠와 진화를 거듭해온 대학 또한 시대적 도전에 직면해있다.

개인과 조직의 삶은 순환적이다. 단선적 발전의 신화에 익숙해진 현대인은 오래된 지혜를 외면하는 경향을 보인다. 예컨대 역사상의 모든 개별 국가는 건국, 이념과 법제도의 수립, 발전, 부패, 위기, 그리고 혁신의 과정을 순차적으로 겪는다. 발전 속에서 파벌이 싹트고, 성공의 경험은 경직된 타성을 만들어낸다. 마침내 갈등은 활력을 낳는 경쟁이 아닌 적대감으로 변질된다. 이러한 위기 상황을 자각하고 스스로 혁신할 수 없는 국가는 역사의 기록 속으로 사라진다.

대학은 어떠한가? 대학은 국가나 종교 조직과 마찬가지로 인류 역사상 가장 오래 보전되어온 조직 형태 중의 하나이다. 오랜 역사를 자랑하는 세계 유수 대학들의 생존전략은 변화를 거부하고 상아탑의 전통을 고수하는 것으로 보인다. 하지만 과연 그러한가?

급격한 시대적 변화 속에서 과감한 혁신을 시도한 대학들이 교육과 연구의 주도권을 행사해왔다. 19세기 후반과 20세기 전반 유럽과 미국의 명문 대학들이 보여준 혁신의 노력이 현재 세계대학 순위에 반영되어 있다. 그들은 지금도 변화를 모색하고 있다. 하버드대(Harvard University)와 MIT 등은 새로운 온라인 교육 플랫폼인 '어디서나 닿을 수 있는 대학'(University of Everywhere)을 구축하여 고등교육에서의 지배력을 확대하고 있다. 미네르바대학(Minerva University), 애리조나주립대(Arizona State University)의 혁신 모델도 주목을 받는다. 개인화된 맞춤형 교육과 개방적 학습 플랫폼으로서의 대학, 새로운 디지털 기술을 활용해서 유연성을 높이는 뉴노멀의 대학, 허브 역할의 대학 캠퍼스와 지역사회를 연결하는 평생교육시스템으로서의 대학, '카네기 대학 분류시스템'을 바꿔 대학 간 협업과 경쟁의 기반을 분야별로 재구축하는 방안 등 많은 대학 혁신의 아이디어가 제기되고 있다.

계몽주의를 계승한 19세기 독일의 연구중심대학 모델을 수용하면서 미국의 교육 수요 증대에 부응해 교육과 연구를 동시에 추구하는 통합형 대학 모델은 하버드대학과 존스 홉킨스대학(Johns Hopkins University)을 시작으로 대학의 표준모델로 자리 잡았다. 그러나 연구개발, 실용 교육, 인문 교육이라는 상이한 요구를 모두 충족시키며, 재정과 조직 확장을 통해 유지되어온 통합형 대학 모델의 영광은 머지않아 사라질 수도 있다.

현재까지 대다수 대학은 교육과 연구의 통합을 넘어, 병원과 부설학교, 평생 및 재교육 프로그램, 산학협력 조직, 벤처창업 지원 서비스 등을 골고루 갖춘 '사회서비스 기지'(Social Service Station)로 진화해왔다. 그런데 급변하는 사회적 요구와 인구 절벽, 첨단 연구를 선도하는 기업연구소, 온라인 학습플랫폼 등의 도전에 맞서서 그동안의 성취를 계속 유지할 수 있을지는 의문이다. 빠르게 변하는 외부 환경과 감소하는 진학 인구, 학습 방법의 변화, 대안 교육기관의 출현에 직면하여 독점적 고등교육기관으로서의 대학은 사라질 것인가 아니면 새롭게 탄생할 것인가?

코로나 팬데믹 이후 대학의 양극화 현상이 심화할 것이다. 현대의 대학 체제를 주도하고 있는 미국의 경우도 마찬가지다. 하버드대, MIT, 예일대(Yale University), 프린스턴대(Princeton University) 등은 명품전략을 유지할 것인가, 아니면 디지털 플랫폼 구축을 통한 고등교육 지배력 확대를 추구할 것인가의 선택에 직면해있다. 애리조나주립대 등의 공립대학은 온라인-오프라인 통합 학습모델을 통한 정원 확대를 모색하고 있다. 그리고 충분한 학력인증을 제공하지 못하는 영리 목적 대학들과 재정적으로 취약한 소규모 자유교양대학(liberal arts college)들은 소멸하게 될 것이다.

국내 대학 혁신의 현황은 어떠한가? 불확실한 미래 전망 속에서 생존전략을 모색해야 하는 국내 대학들은 온라인 수업을 적극적으로 활용하고, 학업 만족도와 성취도를 높이기 위해 여러 방안을 시도하고 있다. 그러나 도전을 극복하고 새로운 위상을 확보하기까지 가야 할 길이 멀다. 시대적 변화와 사회적 요구에 부응하기 위해서는 대학의 학업성취도를 측정 및 공개해야 한다. 그러나 연구를 넘어 교육에 '공개와 경쟁' 방식을 도입하려는 노력은 미흡한 수준이며, 연구중심의 교수평가 기준 때문에 교육 혁신에 대한 관심이 상대적으로 저조하다. 이에 더해 변화와 혁신에 대한 대학사회

내의 거부감이 여전히 높고, 대학 교육과 연구 생태계의 근본적인 개혁을 제한하고 규제하는 관련 법령도 공고하다.

이제 기존 대학의 패러다임에 대한 근본적인 성찰이 필요한 시점이다. 전 세계적으로 대학 혁신의 다양한 실험이 진행되는 지금이야말로 기존의 학문과 대학체계의 유용성을 냉철하게 점검하는 논쟁이 다시 필요한 시점이다. "근대 대학은 조건 없이 존재해야만 한다"는 주장을 펼치며 칸트(Immanuel Kant)의 대학론을 계승하는 자크 데리다(Jacques Derrida)는 『조건 없는 대학』에서 대학 고유의 '일'과 가치, 대학의 존재이유를 다시 묻는다. 그에 따르면, 대학은 '해체-탈구축하는' 근본적인 질문들을 제기하고, 토론하고, 사유를 갱신하는 '장소'로서의 의미를 갖는다.[1]

중세에서 현대에 이르기까지 대학 혁신의 본질은 새로운 시대적 요구를 성찰하고, 학문체계와 대학구조를 재정립하는 것이다. 근대 대학체계는 중세 대학의 신학부, 법학부, 의학부 중심의 학제에 도전해서 철학과 과학을 토대로 하는 새로운 학문체계를 구축한 이른바 '학부들의 논쟁'을 거치며 형성되었다. 대학은 근본적 질문을 제기하고 공유하는 '학문공동체'로서의 정체성을 유지해야 한다. 융합과 협업이 필요하다면 기존의 학제에 대한 검토와 학문영역들 간의 경합이 우선되어야 한다. 대학의 생존력은 여타의 집단조직과 마찬가지로 '경쟁적 갈등'에서 비롯된다. 학문영역들 간의 자성적

---

1   자크 데리다. (2021). 『조건 없는 대학』. 조재룡 옮김. 파주: 문학동네.

논쟁이 사라진 평온한 대학은 과거의 유물로 남거나 외부 압력에 순응하는 기능적 도구로 전락할 것이다.

이제 대학은 지속가능성의 문제를 진지하게 고민하고, 설득력 있는 존재 이유를 제시해야 하는 상황에 직면했다. 지속가능성(sustainability)은 무한경쟁 속에서의 생존(survival)과는 달리 지속되어야 할 가치를 포함하는 규범적 개념이다. 대학은 변화하는 사회 속에서 존재 이유와 가치를 찾고 증명해야 한다. 4차 산업혁명과 뉴노멀 시대의 실체와 요구가 무엇인지를 대학 자체적으로 파악하지 못하면 대학 혁신의 방향성은 잡히지 않는다. 기존의 학문과 새로운 학문의 유용성과 정당성에 대한 논쟁이 사라지면 대학의 생명력은 위축된다. 많은 변화와 실험 속에서도 변하지 않는 대학의 본질은 집단적 성찰 능력이다.

디지털 기술을 활용한 개인화된 맞춤형 교육과 개방적 학습플랫폼 구축 등이 혁신의 본류는 아니다. 사회적 수요에 부응하는 커리큘럼 개편, 학제간 융합교육과 연구기반 확대 등은 표면에 드러난 과제들이다. 대학 혁신의 본질은 미래 사회의 방향을 결정하는 집단적 선택과 판단의 수준을 높이는 데 필요한 지적, 인적 기반을 구축하는 것이다. 학문공동체로서의 대학은 데이터, 정보, 지식을 넘어 지혜를 산출하여 포괄적 문제에 대한 성찰과 해결 방안을 제공하는 임무를 갖는다. 모든 분야의 전문가와 미래 세대가 모여 진리를 추구하는 대학은 공론 형성에 앞장서서 사회변화의 방향을 설정하는 집단지성의 산실이기 때문이다.

＊ ＊ ＊

우리는 이 책에서 유연한 연결 플랫폼이자 집단지성의 산실로서 대학의 미래상을 제시한다. 그리고 교육 분야의 혁신이 이러한 미래상을 실현하는 데에 가장 핵심적인 과제임을 주장한다. 이어서 창의성과 시민성, 리더십, 생애역량 등을 대학 교육의 핵심 가치로 설정하고, 이를 현장에서 제도화할 수 있는 다양한 방안에 대해 토론한다. 공식적인 교육과정과 학사구조의 문제에서부터 캠퍼스 환경에 이르는 여러 지점에서의 유기적인 변화가 필요하다는 것이 우리의 주장이다. 변화하는 환경에 걸맞은 교육을 위해 데이터 리터러시와 온라인 교육 등을 적극적으로 수용할 것과 교수법 및 학생 평가의 혁신과 근거 기반 대학 운영의 중요성도 강조한다. 이렇게 변모된 대학은 구성원들이 각자의 자리에서 용기 있게 도전하는 자유로운 교육-연구-공헌 공동체가 될 것이며, 사회로부터도 신뢰받는 기관으로 탈바꿈할 수 있을 것이다.

이 책은 대학의 미래를 고민하는 서울대 교수 6인의 공동작업이다. 다양한 전공을 가진 필진이 2021년 초에 첫 모임을 가진 이후 1년 남짓한 기간 동안 정기적으로 만나 토론한 결과물이다. 우리는 각자가 집필한 내용을 단순히 모으는 일반적인 방식을 따르지 않기로 비교적 이른 시점에 결정했다. 물론 연구진 개개인의 관심사나 전문분야가 다양하지만, 여기서 다루는 주제들이 그러한 병렬적인 구조화에 맞지 않는다고 판단했기 때문이다. 대신 각자가 준비한 내용을 함께 검토하고 수정하는 밀도 있는 공동작업을 진행했다. 그 과정을 통해 우리는 현재 대학의 문제를 진단하고 미래상을 그리며 그것을 현실화할 다양한 방안을 모색하는 작업이 특정한 전공이나 전문성을 넘어선 융합과 집단지성을 필요로 한다는 확신을 더욱 강하게 갖게 되었다.

연구가 진행되면서 특히 교육에 대한 관심이 대학 혁신의 중심에 있어야 한다는 관점이 연구진 사이에 자연스럽게 공유되었다. 또 우리가 소속된 서울대의 경험에 대한 진솔한 반성에서부터 출발해야 한다는 생각도 모아졌다. 그러다 보니 다른 대학이나 교육 이외의 분야에 대한 논의가 다소 부족한 것이 사실이다. 하지만 이것이 반드시 이 책의 약점이라고 생각하지는 않는다. 빠르게 변화하는 한국 고등교육 생태계의 복잡성을 고려하면, 대학 일반에 적용될 수 있는 높은 추상 수위의 담론보다는 구체적인 현장의 경험을 반영한 성찰과 고민의 효용이 작지 않을 것이다. 물론 다른 처지와 관점을 반영한 성과물들이 앞으로 많이 제시되어야 더욱 풍부한 논의가 가능해질 것이다. 아무쪼록 이 책이 그 마중물 역할을 할 수 있기를 기대한다.

마지막으로 연구와 출판 과정을 전폭적으로 지원해준 서울대학교 사회과학연구원에 감사드린다.

2022년 7월
필진을 대표하여 유홍림

II. 지금 우리 대학은?

1. 지금 대학의 위기는 데자뷔인가?

가. 세 가지 위기

전 세계적으로 대학의 위기와 혁신을 말하는 목소리가 점점 커지면서 대학이 사라질 것이라는 예측도 빈번히 제기되어 왔다. 1997년 드러커(Peter Drucker)는 '30년 후에 대학들은 살아남지 못할 것이고, 결국 역사적 유물이 되어서 관광객들의 구경거리가 될 것'이라고 언급한 바 있다.[2] 파괴적 혁신 이론으로 알려진 하버드 경영대학원의 크리스텐슨(Clayton Christensen) 교수도 2011년에 『혁신적인 대학』이라는 책에서 자신의 파괴적 혁신 이론이 적용될 주요 분야 중 하나로 고등교육을 언급하면서, 당시 10~15년 후면 미국 대학의 절반가량이 파산할 것이라고 예상하였다.[3]

〈표 1〉 역사 속 대학의 위기와 21세기 대학의 위기

역사 속 대학의 위기	21세기 대학의 위기
중세 구텐베르크 인쇄술로 인한 지식 확산	현재 온라인 강의로 인한 강의 접근성 확대
중세 흑사병 창궐	현재 COVID-19 창궐
19세기 산업혁명	21세기 4차 산업혁명

지금의 상황은 역사적으로 대학들이 맞이했던 격변기와 다음의 세 가지 관점에서 닮아있다(《표 1》). 첫째, 구텐베르크의 활판 인쇄술의 발명으로 인해 대학이 독점해 왔던 지식에 대한 접근성이 일반 대중으로 빠르게 확대되면서 중세 대학들이 몰락하기 시작했던 모습은 지금 대규모 온라인 공개강좌(MOOC, Massive Online Open Courses; 이하 MOOC) 등 온라인 강의의 확산으로 세계 유수 대학의 질 높은 강의가 무료로 공급되면서 대학들이 위협을 느끼는 모습과 닮았다. 둘째, 중세 흑사병의 창궐로 이동이 제한되면서 학생들

2 Drucker, P. (March 10, 1997). "Seeing Things as They Really Are". *Forbes.* https://www.forbes.com/forbes/1997/0310/5905122a.html?sh=1c4ce66624b9.

3 Christensen, C. M. & Eyring, H. J. (2011). *The Innovative University: Changing the DNA of Higher Education from the Inside Out.* San Francisco: Jossey-Bass.

과 교수들의 공동체가 약화하여 중세 대학이 쇠락했던 역사는 현재 팬데믹으로 인해 대학 내의 교류가 타격을 입고 학문공동체로서 대학의 역할이 흔들리는 상황과 닮았다. 마지막으로 19세기 산업혁명으로 인한 산업구조, 사회상 및 인재상의 변화로 인해 대학의 역할이 새롭게 논의되었던 모습은 4차 산업혁명으로 불리는 급박해진 미래의 변화에 대학의 위기와 혁신을 논의하는 지금의 모습과 닮았다. 요컨대 현재의 대학을 둘러싼 환경의 변화는 대학이 당장 사라지지 않더라도 큰 변화의 필요에 직면했음을 짐작케 한다.

나. 네 가지 공통 문제점

현재와 같은 격변기 속에서 대학이 쇠퇴했던 사례들을 살펴보면 네 가지 공통점을 발견할 수 있다.

첫째, 대학이 변화에 적응하지 못하고 사회적 요구에 대응하지 못한 경우이다. 영국의 유수 대학들은 18세기와 19세기 초반에 산업혁명으로 인한 급격한 산업화 시기에 고전 교육과 성직자 배출이라는 중세적 역할에서 벗어나지 못하고 실용 학문에 대한 혁신적 변화를 이끌지 못한 탓에 쇠퇴의 길을 걸었고,[4] 미국 하버드대학 역시 성직자 출신 총장들에 의해 구시대적 모습을 견지하며 대

---

4   허준. (2020). 『대학의 과거와 미래』. 서울: 연세대학교 대학출판문화원.

학 무용론 속에서 고전하였던 시기를 겪었다.

둘째, 대학이 수월성을 포기하고 평준화와 보편성에 무게를 둔 경우 고등교육의 질적 하락을 가져왔다. 19세기 프랑스와 독일대학들이 이런 모습을 보여주었다.[5] 제2차 세계대전 이후 국립대학을 평준화하여 대중적인 고등교육으로 방향을 잡은 독일은 2006년 우수대학 육성 지원 사업이 시작될 때까지 40년간 고등교육의 질적 저하를 겪었고, 프랑스 역시 19세기 국립대학을 평준화하고 최근 2018년까지도 모든 대학에 국가 지원을 동등하게 제공함으로써 대학들의 국제적 경쟁력이 하락하는 경험을 한 바 있다.

셋째, 자율권을 보장받지 못했던 대학들은 혁신을 이루는 데 한계를 보였다. 왕정 권력에 복속되었던 중세 대학들은 몰락의 길을 걸었다. 기본적으로 정부 기관의 성격을 띠었던 프랑스와 독일의 대학들은 정부의 재정 지원을 받기는 하지만 운영에서는 사립대학처럼 자율권을 가졌던 영국의 대학에 비해 혁신을 이루는 데 더뎠다. 이는 다수의 미국 대학이 자유로운 운영을 통해 선구적이고 혁신적인 시도를 했던 모습과 대조되는 부분이다. 우리나라 역시 대학에서 연구의 자율성을 포기했을 때 나타나는 현상을 경험한 바 있다.[6]

---

5   남기원. (2021). 『대학의 역사』. 서울: 위즈덤하우스.

6   민철구·우제창·송완흡. (2003). "대학의 Academic Capitalism 추세와 발전방향." 과학기술정책연구원.

마지막으로, 대학의 목적과 목표가 명확하지 않을 때 위기를 맞게 된다. 미국의 대학들은 1980년경부터 '머리가 세 개 달린 괴물'이라는 공격을 받아왔다. 대학의 세 가지 목적, 즉 연구를 통한 새로운 지식 창출, 사회적 요구에 맞는 인력 양성, 그리고 교양교육을 통한 보편적인 지식의 확산을 모두 달성하려 했다는 것이다. 특히 하버드대학에서 출발한 미국의 연구중심 대학들은 이 세 가지 목적을 모두 유지한 통합형 대학 모델을 따르고 있으나, 연구에 치중한 나머지 다른 두 가지 교육적 역할은 소홀히 해 학부 교육이 부실해졌다는 지적이 이어지고 있다. 이러한 상황은 세 가지 완전히 다른 비즈니스를 한 기업에서 운영하는 것에 비유되기도 하는데, 명확치 않은 대학의 목적 및 목표가 대학의 위기를 가져왔다는 비판이다.[7]

그렇다면 이와 같은 중요한 격변기에 대학이 위기의 일로를 걷지 않으려면 어떻게 해야 할까? 대학이 그 목적과 목표를 명확히 정의하고, 변화하는 사회에서 사회적 요구에 맞게 혁신하며, 대학교육의 수월성과 대중성을 동시에 추구하면서 자율적이고 혁신적인 운영을 하려면 구체적으로 대학은 무엇을 해야 하며, 무엇이 되어야 할까?

대학이 맡은 사회적 역할의 두 중심축을 교육과 연구라고 보았

---

7 Carey, K. (2015). *The End of College: Creating the Future of Learning and the University of Everywhere*. New York: Riverhead Books.

을 때, 대학의 연구 기능은 현재의 연구중심 대학들의 주도하에 학문적 성취와 기술 개발을 통해 전 세계 경제와 문명을 견인하는 역할을 담당하고 있다. 그러나 대학의 교육 기능은 그것이 대학의 본질적인 역할임에도 불구하고 상대적으로 등한시되어 왔다. 다음 절에서 우리는 특히 교육의 문제에 집중할 것이다. 하지만 우선 대학 혁신의 방향성을 좀 더 큰 틀에서 논의할 필요가 있다.

2. 미래 대학의 자화상

가. 대학 혁신의 방향

이제 대학은 네트워크와 플랫폼으로 거듭나야 한다. 미래 대학의 핵심 기능은 이 두 키워드로 설명 가능하며, 연결의 중심을 많이 보유한 플랫폼 구축의 정도가 대학의 역량과 영향력의 척도가 될 것이다. 그렇다면 차별화된 플랫폼 전략이 생존과 발전의 관건이다. 확장된 네트워크의 구조 속에서 방향을 설정하고, 미래가치를 제공하는 대학만이 지속가능할 것이다.

네트워크와 플랫폼으로 거듭나기 위해서는 다양성과 자율성을 살리는 방향의 혁신이 필요하다. 과거 대학의 융성을 뒷받침했던 표준화, 분업화, 전문화의 틀을 넘어 다양성, 연결성, 변화대응력을 혁신의 원리로 삼아야 한다. 다양성과 연결성을 새롭게 확보하기 위해서는 기존의 학문분류체계에 준해 짜여진 학사제도와 연구체계를 재편하는 '분리와 결합의 기예'(the art of separation and association)가 필요하다. 19세기와 20세기에 형성된 학문분류체계는 융복합의 새로운 학문영역에 의해 도전받고 있으며, 학문영역 간의 관계 설정은 대학의 정체성 문제를 다시 제기한다. 물론 융복합의 시대적 요구를 반영하여 어떻게 교육 및 연구체계를 유연하게 분리하고 결합할 수 있도록 구성할 것인가는 대학 생태계 전반의 각성과 공론 형성의 노력을 바탕으로 다루어져야 한다. 그리고 혁신의 실효성을 담보하기 위해서는 대폭적인 재정 확충을 통해 체계적이고 신뢰할 만한 인센티브 시스템을 마련해야 한다.

대학 혁신의 방향과 전략은 융합 교육과 연구, 맞춤형 온라인 교육 플랫폼, 유연하고 분권화된 거버넌스, 재정 확충 등 여러 차원의 복합적인 주제를 포괄한다. 대학은 연구개발(R&D), 실용교육(복수전공, 차별성, 맞춤형), 인문교양교육(목적으로서의 학습, 삶의 질 고양, 대학 본연의 인성교육) 등 다양한 기능을 수행하고 있다. 이들 다양한 기능들의 혁신을 위한 중심에 교육의 혁신이 자리하고 있다. 교과 내용 개편과 교육 방식의 다양화, 온라인 교육 플랫폼과 기숙 대학(residential college; 주거, 학습, 비교과 활동 공간) 등의 결합을 통해 협업, 소통, 적응력, 주도성 등의 능력을 함양하는 혁신적 교육의 근간이 마련되어야 한다.

다양성과 연결성은 교육과 연구에서 모두 중요한 부분인데, 학과 중심의 학사구조와 경직된 교과과정은 변화에 가장 큰 장애물이라고 할 수 있다. 또 혁신에 유리한 탄력적이고 분권화된 거버넌스를 구축하기 위해 권한과 책임을 교육과 연구 권역 및 자율단위별로 부여함으로써, 단과대학 내 그리고 단과대학 간 새로운 교육과 연구를 가능하게 하는 분리와 결합의 기예가 가능하도록 자율권을 부여하고 인센티브를 제공하여 '관료제형 대학'의 획일성과 경직성에서 벗어나야 한다. 새로운 교육 목표에 따라 학생 및 교수 평가 체계의 혁신도 고민하여야 한다. 분야별 차이를 충분히 반영한 평가 시스템을 도입할 수 있는 여지를 확대하여야 하며, 중앙에서는 혁신을 위한 자체적 노력과 성취를 평가하여 개혁을 독려하는 후원자적 역할을 담당하여야 한다.

연구 중심대학의 연구조직은 학과 및 단과대학의 틀에 얽매여서는 안 된다. 연구조직은 학과와 단과대학의 장벽을 넘어 포괄적이고 유연한 네트워크와 플랫폼의 형태로 구성되어야 하며, 연구 주제와 연구 방식도 다학제적 융합의 방식으로 설정되고 수행되어야 한다. 기존 연구조직의 분절성과 비가시성을 극복하는 것도 대학 혁신의 중요 과제이다. 막대한 규모의 정부출연 연구개발 예산에도 불구하고 괄목할 만한 연구업적이 축적되지 않는 현실도 이와 무관하지 않다.

대학 경쟁력은 국가경쟁력과 직결된다. 고등교육이 국가경쟁력의 핵심 요인이 되면서 세계 각국은 대학경쟁력을 높이기 위해 다각도의 노력을 기울이고 있다. 그러나 한국의 대학경쟁력은 국가경쟁력에 미치지 못한다. IMD(International Institute for Management Development) 발표에 따르면, 2021년 한국의 국가경쟁력은 23위인데 비해 대학교육경쟁력은 47위이다. 대학의 경쟁력이 높아지기 위해서는 대학 자체의 노력도 중요하지만, 정부의 지원 역시 중요한 요소다. 대학의 공공성 강화와 체질 개선을 통한 경쟁력 확보는 중요한 국가 의제 중 하나이다. 그리고 안정적인 대학 재정 확보를 위해서는 다양한 제도적 보완이 필요하다. 정부의 공적 투자, 등록금 현실화, 민간 기부 활성화, 산학협력과 벤처창업 지원 확대 등을 예로 들 수 있다. 그중에서도 고등교육 재정 규모를 현재 GDP의 0.6%에서 OECD 평균 수준인 1.1%로 확대하는 것이 중요하다. 또한 안정적인 고등교육재정 지원을 위한 법적 기반으로서 현재 논의 중인 '고등교육재정교부금법'의 제정도 적극적으로 공론화하여 검토해야 한다.

나. 유연한 연결 플랫폼, 자유로운 학문 생태계

대학의 주요 역할이 지식 전달이었다면 구텐베르크 인쇄술이 발명되었을 때 대학은 이미 없어졌을 것이고, 점점 더 많은 양질의 온라인 강의가 무료로 제공되는 가까운 미래에 대학은 자취를 감출 것이라는 예측도 가능하다. 그렇다면 대학이 지금까지 지속되어 온 본질적인 이유가 무엇이고, 미래에는 어떤 역할을 담당해야 할 것인가? 앞서 제시한 플랫폼과 네트워크로서 대학의 모습을 좀 더 구체화해보자.

대학은 이제 세계와 국가, 지역을 연결하는 물리적 공간과 온라인 가상 공간을 제공하여 건강하고 자유로운 학문 생태계의 중심 역할을 해야 한다. 대학의 물리적인 공간이 주는 플랫폼의 역할은 무시할 수 없는 대학의 자원이다. 온라인 강의가 급속히 늘어나고 있지만, 대학의 학생들은 대학 캠퍼스가 주는 소속감, 실재감(sense of presence), 다양한 학생들과 교수들을 만나는 기회와 그들 사이의 관계, 커뮤니티, 교과 외 활동 등을 통해 생애역량을 획득해 간다. 유럽의 시민대학처럼 학습하는 자율 공동체를 유치하는 역할, 비슷한 학문적 관심사를 가진 사람들을 모으고, 연결하고, 조직하고, 물리적으로 만나게 할 수 있는 공간이 된다는 것은 전통적인 대학의 캠퍼스가 할 수 있는 매우 중요한 역할이었다. 이 역할은 지속적으로 강조되어야 한다.

이제 대면 공간에서 이루어지는 대학의 기능에 인터넷 공간에서의 네트워크와 커뮤니티 기능이 첨가되어, 연결 플랫폼으로서의 대학의 역할이 더 확대될 것이다. 물론 중세 흑사병의 경우와 같이 현재의 코로나 팬데믹으로 인하여 물리적 접촉이 제한되고, 학문적인 교류가 타격을 입고 학문공동체가 위축된 측면이 있다. 하지만 반대로 온라인 플랫폼으로서의 대학의 역할이 더욱 부각되어, 영향력의 반경을 확대하고 보다 다양한 시각과 아이디어를 담을 수 있는 연결 플랫폼의 역할을 하게 된 측면도 있다.

아래에서 소개하는 미네르바 대학의 경험은 이런 관점에서 주목할 만하다. 미네르바 대학은 전 세계 7개 도시를 캠퍼스이자 학습 현장으로 연결하고 있다. 미네르바 대학의 학생들은 샌프란시스코, 서울, 베를린, 부에노스아이레스, 런던, 타이페이, 하이데라바드를 돌아다니며 현지 문화와 사회 문제를 경험하고, 배운 것을 지역의 문제를 해결하는 데 활용하는 프로젝트를 수행하고, 인턴십도 경험한다. 그 과정에서 다국적 학생들은 다양한 학문 분야를 융합적으로 적용하여 문제를 해결하고 글로벌 커뮤니티를 역동적으로 확장하게 된다. 노스웨스턴대학(Northwestern University) 켈로그 경영대학원 연구자들이 했던 유명한 양초 실험은 다국적 문화 경험의 효과—고정관념에서 자유로웠던 피험자 그룹의 대부분이 외국에 살면서 그 문화에 적응했던 사람이었다—를 잘 보여준다.[8]

또한 미네르바 대학에서는 온라인 연결 플랫폼이 교육 매체의 중심이 되고 있는데, 교수진은 어디에 있건 온라인으로 수업을 진행하고 학생들을 지도할 수 있다. 오프라인에서도 학생들과 교수진, 각 도시의 프로젝트를 위한 협력 인력들, 현지에서 만나는 사람들과 공동체들을 연결하는 플랫폼의 역할도 훌륭하게 해내고 있다. 이처럼 대학의 역량은 대학이 얼마나 다양한 사람들과 얼마나 탄탄하고 역동적인 연결을 가능하게 하는지, 그리고 그 연결을 통

---

8   Pink, D. H. (2009). *Drive: The Surprising Truth about What Motivates Us.* New York: Riverhead Books.

해 얼마나 가치 있는 교육적인 기회를 창출하는지에 달려있다고 하겠다.

플랫폼 역할이 대학에 가져올 수 있는 장점이 매우 많지만, 대표적으로 다음을 들 수 있다.

첫째, 대학이 플랫폼 역할을 더 충실히 해낼수록 대학은 융합 교육의 장이 되며, 융합적 미래 인재를 양성할 수 있게 된다. 융합 교육은 여러 원천과 경험에서 나온 기술과 지식을 서로 연결해 보는 것과 개념과 이론을 다양한 실제 상황에서 적용하고, 여러 관점, 심지어 상반된 관점들을 적절히 함께 활용하며, 서로 다른 논점을 맥락에 맞게 이해하는 것을 포함한다. 융합은 단순히 수업에서 배운 여러 내용을 물리적으로 결합하는 것이 아니라 실생활과 최대한 가까운 맥락에서 학습이 일어날 때 잘 이루어질 수 있다. 분과 학문 중심(discipline-centered) 혹은 전공 중심(major-centered), 교과목 중심(subject-centered)에서 벗어나, 실제 비구조화된 정답이 없는 문제 중심(problem-centered), 사례 중심(case-centered) 프로젝트에 학습자를 던져 놓을 때, 학생들은 다양한 시각으로 다양한 학문적 지식을 융합하여 문제를 해결하고 배움을 얻게 된다. 우리의 실제의 삶이 온갖 융합적인 것들로 구성되어 있기 때문이다. 잘 알려진 것처럼 역사 속에서 성공한 인물들은 통합형 인물인 경우가 많다. 스티브 잡스(Steve Jobs)는 2005년 스탠퍼드 대학 졸업식 축사에서 연관되지 않을 듯 보이는 것들을 연결하는 것이 얼마나 중요하며, 이들이 서로 밀접하게 관계를 맺을 때 좋은 결과를 낸다고 역설하였다.

대학이 플랫폼의 역할을 통해 이 연결을 끌어낼 때, 학생들은 융합형 미래 인재로 스스로를 확장하고 세상의 중심에 설 준비를 할 수 있을 것이다.

둘째, 대학이 실제 학교 안팎 세상을 연결하는 플랫폼 역할을 보다 잘 해낼 때, 학생들은 더욱 탄탄하게 생애역량을 얻고 미래 직업 세계를 준비할 수 있다. 생애역량 중 미래 인재의 소양인 의사소통, 협업 능력을 개발할 책임은 대학에 있으며, 다른 사람들과 연결된 삶이 모든 학습의 주제이어야 한다. 대학은 학생들이 다양한 동료 학생들을 만나는 장이며 사회로 나가기 전 마지막 공교육의 장이기 때문에, 다양성을 인정하고 그 다양성이 그들의 배움을 더 풍요롭게 할 수 있음을 교육해야 한다. 직접적으로 관련이 없어 보이는 여러 공동체를 연결하는 플랫폼의 역할을 통해 다양한 학문, 사상, 이념, 아이디어가 서로 만나고 대립하고 경쟁하고 소통하고 협업하는 교육적 경험을 제공해야 한다.

마지막으로 연결의 플랫폼 역할을 통해 대학은 전보다 자유로운 운영을 할 수 있을 것이다. 캠퍼스도 없고 강의실도 없는 미네르바 대학이 세계적으로 인정받는 혁신적인 교육기관이 된 데에는 대학 운영에 대한 혁신적이고 자유로운 접근이 큰 역할을 했다고 할 수 있다. 현재 대학의 역할을 지식 전달에 두는 운영 규정, 예컨대 '오프라인 강의 1시간에 25분 이상 분량의 콘텐츠를 제작해야 한다'는 규정이 있는 한 생태 교육, 체험 중심 교육, 통합 교과 등과 같은 새로운 시도가 쉽지 않을 것이다. 대학의 가장 중요한 역할을 자유로운 학문 공동체와 공동체 간의 연결을 위한 플랫폼으로 볼 때 비로소 이러한 규제들에서 자유로워질 것이며, 정치적으로도 자율을 얻을 수 있을 것이다. 미국의 사회학자인 베블런(Thorstein Veblen)은 『미국의 고등교육』이라는 책에서 이상적인 대학은 온갖 견해와 사상들의 피난처이며, 이들의 만남, 연결, 전파를 지원하는 정치와 이해관계로부터 자유로운 플랫폼이 되어야 한다고 하였다.[9] 대학이 그러한 역할의 혁신을 이룰 때, 전통적인 틀을 깨고 세상의 변화 속도에 맞는 혁신적인 시도를 할 수 있을 것이다.

다. 집단지성의 산실

이제 시야를 더욱 넓혀서 사회와의 관계 속에서 대학의 모습을 생각해보자. 그렇다면 사회에 기여하는 대학의 기능은 무엇인가?

현대의 대부분의 대학들은 통합형 모델에 근거해서 다양한 기능을 수행한다. 사회의 수요에 부응하는 연구개발, 실용교육, 그리고 목적으로서의 학습을 지향하는 인문교양교육을 담당한다. 미래 대학의 기능이 무엇인지에 대해서는 학문 분야별로 생각이 다를 수 있다. 첨단 연구와 4차 산업혁명의 주도자, 사회의 수요와 요구에

---

9   Veblen, T. (2007). *The Higher Learning in America: A Memorandum on the Conduct of Universities by Business Men.* New York, NY: Hill & Wang.

부응하는 직업전문가 양성, 공공재로서의 가치를 갖는 학문의 보전 등 다양하다. 효용성과 공공성, 권력과 권위, 실용성과 보편가치 등은 이견의 조율을 거쳐 공존의 균형을 잡는다. 공론장으로서의 대학은 경합의 장이어야 한다. 적당한 모방의 생존전략에 안주하는 대학의 미래는 없다. 21세기형 '학부들의 논쟁'(contest of faculties)이 대학 혁신의 본질이다. 21세기에도 교육과 연구가 기존의 학과 중심으로 이루어져야 한다면, 그 정당성이 논쟁을 통해 인정되어야 한다.

대학 혁신의 기저에는 세계관의 경쟁이 존재한다. 4차 산업혁명과 디지털 전환 등의 과학기술 담론이 지배하는 상황에서 대학은 산학협력을 확대하여 활로를 개척하고, 그에 맞춰 교육 방식과 내용을 개편하려 한다. 이는 한편으로는 일리 있고 유용한 노력이다. 그러나 다른 한편 대학 고유의 정체성을 다시 묻고, 현실적 요구와 압력을 용기 있게 해부하는 일도 대학에 맡겨진 책무이다.

인간 내부의 이성과 욕망, 의지와 감정이 서로 각축하며 자아를 지배하려 하듯, 모든 학문영역은 세계관의 지배를 추구한다. 가장 포괄적이고 가치지향적인 질문, 즉 '무엇이 좋은 삶인가'라는 질문은 더는 철학 고유의 질문이 아니다. 여전히 종교와 규범 철학적 질문으로 여겨지지만, 적실성 있는 대답에 도달하기 위해서는 과학 기술적인 지식을 충분히 고려할 필요가 있다. 무엇이 중요한 질문이며, 그 질문에 접근하는 적절한 방법은 무엇인가를 어느 관점에서 규정하는가의 문제가 결국 미래 대학의 형태와 기능을 결정할 것이다. 예측건대 그 모습은 다양하게 분화된 네트워크 형태일 것이다. 다양성의 사회에서 삶과 관련된 중요한 질문들이 하나의 일관된 정연한 체계를 이룰 것을 기대하기 어렵고, 지고의 가치인 행복의 기준과 조건도 다원적이기 때문이다. 위기에 대한 인식도, 국가와 인류사회의 당면과제에 대하여도 다양한 의견과 입장이 제시될 것이다.

학문공동체로서의 대학은 데이터, 정보, 지식을 넘어 지혜를 산출하여 포괄적 문제에 대한 성찰과 해결 방안을 제공하는 임무를 갖는다. 고등교육의 전당, 첨단연구의 산실이면서 동시에 공적 담론장으로서의 사회적 권위를 유지하는 것도 사회공헌의 중요한 측면이다. 과거의 관성적 권위는 무의미하지만, 현대사회의 갈등과 위기, 그에 따른 불확실성에 대응하기 위해서는 부분과 전체를 조화시키는 비전과 역량을 키우는 권위의 산실이 필요하다. 권위와 신뢰는 오랜 노력을 통해 쌓아지지만, 하루아침에 무너질 수 있다. 자체 정화와 개혁의 능력을 발휘하는 조직만이 그러한 사회적 권위를 쌓을 수 있다. 모든 분야의 전문가와 미래 세대가 모여 진리를 추구하는 대학은 공론 형성에 앞장서서 사회변화의 방향을 설정하는 집단지성의 산실로 거듭나야 한다.

사회 환경의 급속한 변화와 복합적 위기에 따른 불확실성의 증폭에 대응하기 위해 세계 주요국들은 정부, 대학, 민간 연구기관들이 협력과 경쟁체계의 싱크탱크 생태계를 구축하여 효과적인 당면과제 해결 방안과 국가 미래비전을 모색하고 있다. 하지만 세계 주요국의 경우와 달리 한국에는 싱크탱크 생태계가 조성되어 있지 않다. '미래는 현재 우리가 당면한 선택의 결과'이므로 집단적 결정의 토대가 되는 '공적 판단'(public judgment)의 수준을 제고하는 데 기여할 집단지성의 산실을 조성해야 한다. 대학은 다양한 학문분야의 축적된 연구역량과 인적자원을 보유하고 있고, 국책연구기관이나 민간연구기관에 비해 독립성을 확보하여 중장기적 과제와 미래비전 연구 및 홍보에 유리한 조건을 가지고 있다. 아울러 집단지성의 형태로 연구 결과의 신뢰도를 높이면 대학의 사회적 책임성과 영향력을 실현할 수 있을 것이다.

라. 열린 대학

방금 강조한 대학의 사회적 책임성과 영향력을 위해서는 대학의 안과 밖을 가르는 문턱을 낮출 필요가 있다. 교육과 연구를 통해 대학의 공공성을 높이기 위해서는 교류와 공헌의 플랫폼으로서 사회와 소통하는 '열린 대학' 혹은 '열린 캠퍼스'를 지향해야 한다.

아프리카 속담에는 '한 아이를 키우는 데 온 마을이 필요하다'는 말이 있다고 한다. 교육이 대부분 캠퍼스 안에서 수행되는 '닫힌 대학'과 달리 '열린 대학'에서는 교육과 연구 활동을 통해 사회와 더 활발히 교류하고 소통한다. 사회에서의 체험활동과 성찰을 통해 교육이 강화되고 이를 통해 학생들은 우리 사회와 세계를 더 깊이 이해하게 된다. 예를 들어 최근 산업혁신의 주요 원동력으로 창업을 장려하는데, 창업을 위해서는 전문지식뿐만 아니라 다양한 사회적 수요를 파악하는 능력과 이를 해결하려는 기업가 정신 등도 반드시 필요하다. 즉, 전공지식뿐만 아니라 사회와의 지속적인 소통을 통한 교육이 성공적인 창업이라는 실용적인 목표를 위해서도 중요한 토대가 되는 것이다.

대학에서의 아웃리치(outreach)[10] 활동은 인문사회, 과학기술, 예술 및 체육 등 대학 내에서 진행되는 각종 정보, 시설, 인적 자원을 활용하여 대중들의 교육 및 문화생활 등에 도움을 주는 행위라고 할 수 있다. 대중들로서는 아웃리치 활동이 대학에서 진행되는 다양한 교육 연구 활동의 의미를 더욱 소상히 이해하는 훌륭한 기회가 된다. 특히 대학에서 진행되는 양질의 과학기술 및 인문사회문화 관련 활동을 직접 접하는 것은 효과적인 재교육 및 평생교육의 기회가 될 수 있다. 연구자의 입장에서도 아웃리치 활동을 통해서 접하게 되는 수많은 기본적인 질문들은 연구의 본질에 대해서 생각하고 색다른 자극을 받는 기회가 된다. 또 평이한 언어로 전문지식을 설명하는 훈련을 통해 전문지식의 사회적 의미에 대해서 곱씹어 보게 된다. 이런 의미에서 열린 대학에서의 아웃리치 활동은 단순히 누군가를 도와주는 활동이 아니라, 대학의 존재와 연구의 본

---

10 '아웃리치'는 사전적인 의미로 통상적인 경계를 넘어서 행하는 활동을 뜻한다. 이 뜻을 잘 전달하는 적절한 우리말 번역을 찾기 어려워 음역하기로 한다.

질에 대해 자각하는 활동이라고 할 수 있다. 아웃리치 활동에 대한 보다 구체적인 논의는 이후에 이어진다.

3. 문제는 교육이야!

앞서 대학 혁신의 방향성에 대한 큰 그림을 그려 보았다. 유연한 연결 플랫폼으로서의 미래 대학은 좁은 의미의 전문지식 발전뿐만 아니라 집단지성의 산실로서 사회에 기여하게 될 것이다. 우리는 이렇게 대학의 위상과 역할을 재정립하는 과정에서 특히 교육의 문제에 주목한다. 빠르게 변화하는 외적 조건에 걸맞은 교육의 내용과 형식을 갖추는 것은 대학의 고유한 소임을 다하기 위해 가장 기본적인 과제이다. 그 과정이 순조롭기 위해서는 대학의 역할에 대한 근본적인 성찰에서부터 교육 혁신을 위한 구체적인 고려사항에 대한 고민이 필요하다.

가. 대학의 역할과 교육

대학은 무엇을 위하여 존재하는가? 이 질문에 대한 너무 당연한 대답은 대학은 성장하는 세대에게 지식을 심어준다는 것이다. 대학은 교육기관이고, 교육의 중심에는 앎이 있기에 이 대답에 시비를 걸 사람은 없을 것이다. 그러나 이것은 대학의 존재 의미에 대한 충분한 대답이 되지 못한다. 우리가 진정 알고 싶은 것은 대학이 지식을 갖춘 인재를 양육하되, 그 인재가 지식을 통하여 사회에서 어떤 역할을 감당할 것이 기대되는가 하는 점이다. 즉 대학이 어떤 지식, 어떤 지식인을 생산하여야 하는가가 질문의 요체다.

이 질문에 대한 첫 번째 가능한 대답은 대학이 사회를 위해 필요한 전문인력을 생산하여야 한다는 것이다. 대학은 사회의 기관이고, 사회적 기관은 그 사회에서 필요한 역할을 수행해야 한다. 대학은 사회에 갓 발을 디디는 인력을 배출하므로 예비인력이 문턱을 나와 속하게 되는 다음의 기관에서 자신이 맡은 역할을 잘 감당할 수 있도록 교육하는 것이 대학의 책무라는 생각이다.

대학이 처음으로 등장하였던 12세기의 유럽에서부터 이러한 특징을 추적할 수 있다. 당시 유럽은 온갖 전쟁으로 얼룩졌던 암흑기를 지나 안정기에 접어들고, 교황권이 강화되고 확립되면서 기독교가 교회법 아래에서 통일성을 갖추게 된 시기다. 따라서 이 시기에 형성된 유럽의 대학은 기독교적인 문화로부터 자유로울 수 없었다. 하지만 유럽의 북부와 남부는 중요한 차이를 드러내고 있었다. 프랑스를 중심으로 한 유럽의 북부에서는 기독교가 강력한 영향력을 발휘하였던 반면, 이탈리아를 중심으로 한 남부에서는 이미 상업이 발전하면서 북부에 비하여 세속적인 관심이 훨씬 더 강하게 나타나고 있었다. 이러한 시대적 분위기는 초기 대학의 성격에도 그대로 반영되었다. 중세 대학에서 신학, 법학, 의학이 세 학부로 자리를 잡았지만, 교회권이 강력하였던 북부의 파리대학에서는 신학이 주요 관심으로 자리를 잡고 성직자를 양성하는 것이 대학의 핵심 기능이 되었다. 반면 사람들 사이의 세속적 갈등을 조절하는 것이 중요한 사회적 관심사로 부각한 남부의 볼로냐 대학에서는 이해 상충 상황에서의 합리적 판결을 위한 법학이 주된 관심사가 되었다.

그렇다고 시대가 요구하는 전문지식을 산출하여 사회의 필요에 부응하는 것만이 대학의 역할이라고 할 수는 없다. 대학은 다른 것이기 이전에 교육기관이기 때문이다. 올바른 교육은 세계에 관한 객관적 정보의 양을 증대시키는 것에 머물지 않고, 인간의 삶을 되돌아보고 어떻게 사는 것이 합당한가에 대한 성찰을 고양하여 인격을 완성시키는 것이라는 견해가 우리의 교육관에 뿌리 깊게 자리를 잡고 있다. 이러한 생각은 고대 로마의 키케로와 공자의 생각에서부터 나타나고 있고, 근대에 들어와 계몽주의 시대 칸트와 근대 대학을 설립한 훔볼트의 사상에도 명시적으로 드러나고 있다. 교육은 인격을 완성시키는 과정으로서의 '빌둥'(Bildung)이며, 이는 곧 개인의 이성을 도야하여 세상에 대한 근본적인 질문을 던지고, 토론하고 성찰하며 자신의 세계관을 정립해 나가는 과정이라는 생각이다.

현대에 들어오면서 더욱 부각되는 대학의 역할 중 하나는 과학적 선도기관으로서 첨단 연구를 수행하는 것이다. 제2차 세계대전 이후 대학은 국력을 상징하는 과학기술을 주도하는 기관으로 자리를 잡고 있다. 미국의 경우에 교육에 중점을 두는 자유교양대학에서 시작한 대학들에서 점차 연구가 차지하는 비중이 강화되어 왔다. 지식이 그 자체로 고도의 부가가치를 갖는 시대로 발전하면서, 하나의 자립적인 사회적 기관으로서의 대학들이 첨단 연구를 통하여 생산해내는 부가가치가 대학의 위상에 중요한 영향을 차지하게 되면서 연구기관으로서의 대학의 중요성은 더욱 커지고 있다.

요컨대 현대의 대학은 진화의 과정을 거치면서 여러 가지 중층적인 역할을 수행하는 기관, 즉 멀티버시티(multiversity)가 될 것을 요청받고 있다. 사회가 필요로 하는 인력을 생산하여 공급하는 역할(전문지식을 공급하는 기지로서의 대학)을 함과 동시에, 사회에 순응하는 존재가 아니라 비판적으로 성찰하며 미래 비전을 가꿀 수 있는 인재를 생산(비판적 지성으로서의 대학)하여 사회의 길잡이가 될 것이 요구된다. 그리고 진리를 추구함과 동시에 미래를 위한 새로운 지식을 산출하여 첨단 연구를 수행하는 기관(첨단 연구기관으로서의 대학)이 될 것 또한 기대되고 있다. 대학이 역사에 등장한 이래 진화하며, 중세, 근대, 현대의 기대들이 누적되어 대학은 이렇게 여러 짐을 동시에 지고 가는 셈이다.

물론 현대의 대학들 중에는 이들 중의 한 역할에 특화되어 만들어진 경우도 있다. 직업 전문대학이 있고, 연구에 특화된 대학이 있으며, 또한 비판적 지성을 생산하는 데에 주목하는 자유교양대학도 있다. 그러나 대부분의 종합대학의 경우 이들 다양한 요구가 복합적으로 정체성을 구성하고 있어, 어느 것 하나 부정하기 어려운 상황이다. 이런 중층적 요구는 21세기를 통과하고 있는 한국의 대학, 좀 더 구체적으로는 서울대를 포함한 한국의 종합대학에 심각한 도전을 제기하고 있다.

나. 대학의 교육적 무능

이처럼 대학의 역할에 대한 다양한 요구가 존재하지만, 그 중심에는 교육이 자리하고 있다고 봐야 한다. 시대에 합당한 교육을 제공하여야만 사회적 기관으로서, 인성 함양 기관으로서, 연구기관으로서의 역할을 수행할 수 있기 때문이다. 역사상 여러 차례 제기되어 온 대학의 무용론에도 불구하고 변하지 않는 대학의 역할 또한 교육 기능이며, 그런 의미에서 대학은 본질적으로 교육기관이라고 할 수 있다.

애럼(Richard Arum)과 록사(Joshipa Roksa)의 『표류하는 학문: 대학 캠퍼스에서 이뤄지는 교육의 한계』라는 책은 학생들이 대학교육을 통해 실제로 얼마나 삶에 필요한 지적 능력을 얻게 되는지 4년간 조사한 결과를 담고 있다.[11] 놀랍게도 이 책은 미국의 대학생들에

---

11 Arum, R. & Roksa, J. (2011). *Academically adrift: Limited learning on college campuses.* Chicago: University of Chicago Press.

게 대학교육이 사고력과 의사소통 능력과 같은 중요한 생애역량의 향상에 대해 효과가 전혀 없거나 제한적이라는 결론을 내리고 있다. 이는 미국 대졸자의 38%가 5점 만점에 2점 정도의 능력을 갖추고 있다는 OECD의 조사 결과나, 미국 대졸자의 상당수가 고급 수준의 글을 비판적으로 읽을 수 없다는 미 교육부의 조사 결과, 그리고 한국의 서울대 고학점자들이 교수의 말을 수용적으로 받아들이는 데에는 뛰어나지만, 비판적 사고나 창의적 사고 측면에서는 부족하며, 대학에서의 평가가 이러한 현상을 촉진한다는 연구와 같은 맥락에서 대학의 교육적 무능에 대한 심각한 경고의 메시지를 던지고 있다.[12]

일각에서는 대학의 교육적 무능을 교수의 무능으로 지적하기도 한다. 교육자로서 교수의 역할이 연구자로서의 교수의 역할에 비해 강조되지 못한 결과라는 것이다. 유치원부터 초, 중, 고등학교를 거쳐 대학에서 교육자의 역할을 하는 인력 중에 유일하게 교육적 전문성을 요구받지 않는 인력이 대학교수다. 유초중등 교사들은 모두 자격증을 가져야 하며 그 자격증을 얻기 위해서는 교육에 대한 전문성을 보여주어야 한다. 하지만 대학에서 교육을 담당하기 위

---

12 Carey, K. (2015). *The End of College: Creating the Future of Learning and the University of Everywhere*. New York: Riverhead Books; Lee, H. & Lee, J. (2012). "Who Gets the Best Grades at Top Universities? An Exploratory Analysis of Institution-wide Interviews with the Highest Achievers at a Top Korean University." *Asia Pacific Education Review*, 13, 665-676.

해서는 전공 분야의 박사학위만 있으면 된다. 또 박사학위를 받기 위한 조건 중에 가르치는 능력에 대한 검증은 없다. 교수들의 급여와 승진 역시 주로 연구실적으로 평가받으며, 가르치는 능력에 대한 평가는 많은 경우 형식적인 수준에 머물러 있다. 또 대학 수업의 효과성에 대한 평가는 학생들의 만족도를 조사하는 것에 그치고 있으며, 그 역시도 큰 의미를 두지 않는 것이 일반적이다. 이런 탓에 유수 연구중심 대학일수록 학부 교육에 무게를 두지 않고, 많은 대학이 학부 학생들을 제대로 공부시키지 못한다는 비판이 이어지고 있다.

앞에서 보았듯이 11세기에 볼로냐대학과 파리대학이 생겼을 때부터 지식 전달은 대학의 주요한 목적이었다. 이러한 전통은 아직도 살아남아 대학교육의 형식에 영향을 미치고 있다. 다양한 교수법에 대한 시도들이 있어 오기는 했지만, 교과목 중심의 교육과정의 틀 안에서 강의를 통해 지식을 전달하는 일방향적 소통이 대학교육의 일반적인 형태를 이루고 있다.

물론 지식을 접할 수 있는 다양한 매체들과 온라인 대학 및 온라인 강의의 폭발적 증가에도 불구하고 캠퍼스 기반 대학들은 여전히 그 존립을 위협받지 않았다. 1972년에 서울대학교 부설로 설립되어 지금은 학생 수가 11만 명인 한국방송통신대학, 1969년에 설립되어 전 세계 25만 명의 학생을 가진 영국의 개방대학(The Open University)을 비롯한 온라인 대학들이 학위를 수여하는 종합대학으로서 배움의 기회를 제공하고 있지만, 그로 인해 캠퍼스 기반 대학이 위기를 겪지는 않았다. 온라인 강의에서 이루어지는 지식 전달과 습득은 대학 교육의 가치와 역할의 일부분일 뿐 그 핵심은 아니라는 생각이 공유되었기 때문이다.

지식 전달이 대학교육의 전부가 아님은 진작에 인식되었고, 오늘날 이는 더욱 분명해지고 있다. 지식과 정보를 전달하는 것, 즉 전달식 강의가 대학교육의 핵심이라면 대학은 이미 오래전에 사라졌을지도 모른다. 굳이 대학이라는 기관을 경유하지 않더라도 가능한 활동이기 때문이다. 또 MOOC나 온라인 강의가 점점 늘어나는 상황에서 대학이 현재의 교육 방식에서 벗어나지 못한다면, 교육을 중요한 핵심 사명으로 하는 대학은 머지않은 미래에 더 큰 위기에 봉착할 것이다. 그렇지만 여전히 강의실에서 지식 전달 위주의 강의가 교육의 주종을 이루고 있는 것이 현실이다. 대학이 본래의 존재 이유를 입증하고 새로운 시대의 더 큰 도전에 대응하기 위해서는 교육 방식을 바꾸는 혁신의 노력이 필요하다.

다. 파괴적 혁신

앞당겨진 미래를 대비해야 하는 국내 대학들은 온라인 수업을 적극적으로 활용하고, 학업 만족도와 성취도를 높이기 위해 여러 방안을 모색하고 있다. 그러나 근본적인 변화까지 가야 할 길이 멀다. 공개와 경쟁 원칙이 제대로 적용되지 못하고, 교수 평가 기준이 연구 중심적이며, 변화를 제한하는 관료적 규제와 관성도 강하다. 이러한 상황에 묶여있는 사이에 세계의 교육환경은 급격하게 변화하고 있다.

미국을 포함한 세계의 유수 대학들은 특유의 다양성·유연성·역동성을 기반으로 경쟁과 혁신을 통해 위기에 대응하고 있다. 온라인 학습관리시스템 혹은 온라인 강좌를 적극적으로 활용하는 혼합형 학습(blended learning)은 교육비용 절감, 교육성과 개선, 교육 기회 확대에 기여한다. 한 단계 더 나아가 '첨단IT 테크놀로지 기반 인프라' 구축을 기반으로 온라인과 오프라인 참여자의 '동시적' 소통과 '상호작용'이 이루어지는 하이브리드 교육 모델은 포스트 코로나 시대에 개인 간의 접촉을 최소화하면서도 학습 효과와 교육 목적을 달성할 수 있다. 또한 하이플렉스(HyFlex) 교육을 통해 학생은 면대면, 온라인 실시간, 온라인 비실시간의 세 가지 수업 방식을 유연하게 선택할 수 있다.

현재 진행 중인 '인공지능 기반 교육' 실험은 대화기반 인공지능 개발과 디지털 기술을 활용한 적응형 및 개인별 맞춤형 학습 환경을 구축할 것이다. 고등교육 시장에서 파괴적 혁신을 주도하고 있는 MOOC는 온라인 학습관리 시스템, 맞춤형 학습 솔루션 개발을 통해 지난 100여 년간 고등교육을 지배해온 통합형 대학의 타성과 관료주의적 장벽을 허물고 있다. 앞으로 대학의 교육경쟁력 평가 기준은 개인화된 맞춤형 학습 방법 제공, 적응형 학습(adaptive learning) 시스템 개발, 세계적 교육기술 기업과의 협력이 될 것이다.

4조 6000억 달러로 추정되는 글로벌 교육 시장을 선점하기 위한 경쟁은 벌써 치열하다. 여러 교육기술 벤처기업들은 시장 전체를 지배할 디지털 교육 플랫폼을 구축하고 있다. 하버드대와 MIT가 '어디서나 닿을 수 있는 대학'의 구축을 위해 만든 에드엑스(edX)는 세계 160여 개 대학과 협력하여 3000여 개의 강좌를 온라인으로 제공한다. 스탠퍼드대를 거점으로 한 코세라(Coursera)는 200여 개 대학과 기업이 협업해 4300여 개의 강좌를 개설했다. 최고의 대학이 제공하는 100% 온라인 학위과정 강좌를 파격적인 가격으로 제공하며, 정보기술이나 데이터 과학 등의 새로운 분야에 진출할 수 있는 통로도 열어준다. 또한 수요가 많은 직무 관련 전문자격증도 취득할 기회를 제공한다. 재교육 및 평생교육 수요에 부응하여 하버드대, MIT, 듀크대(Duke University), 미시간대(University of Michigan), 스탠퍼드대 등은 비학위과정, 온라인 MBA 과정을 운영하며, 개방적 평생 학습 플랫폼 구축에 앞장서고 있다. 또한 협동적, 다학제적, 윤리적, 국제적 사고방식 개발을 목표로 하는 미네르바 대학과 올린 공대(Olin College of Engineering) 등의 실험적 교육과정은 새로운 문제 해결 능력을 함양하는 데 기여하고 있다.

그렇다면 이러한 교육환경의 급격한 변화에 발맞추어 우리의 대학교육을 어떻게 바꾸어나갈 것인가? 앞서 제시한 미래 대학의 방향성을 바탕으로, 이제 대학교육 혁신의 지향과 세부 사항에 대해 더 구체적으로 토론한다.

III. 대학교육 혁신의 지향점

1. 온라인 대학이지만 괜찮아: 미네르바 대학과 교육 혁신

가. 새로운 교육의 실험장 미네르바 대학

왜 미네르바 대학이 주목받는가? 기존 대학교육에 실망하고 새로운 대학을 만들어보겠다는 꿈을 지녔던 벤처투자자 벤 넬슨(Ben Nelson)이 2013년 설립한 미네르바 스쿨(Minerva Schools)이 그동안의 성과를 인정받아 2021년 6월 미네르바 대학(Minerva University)으로 미국 내에서 공식 인가되었다. '세계를 위한 비판적 지혜의 함양'(Nurturing Critical Wisdom for the Sake of the World)을 목표로 하는 미네르바 대학은 고등교육의 틀을 근본적으로 바꾸려는 실험을 진행하고 있다. 미네르바는 누가·무엇을·어떻게·어디에서·누구에게 가르치는가의 문제에 기존 대학과 상당히 다르게 접근한다. 과학적 연구 결과와 최신 디지털 기술을 토대로 설계된 '완전히 능동적인 학습'(fully active learning) 방식을 적용하여 비판적 사고력, 창의적 문제 해결 능력, 효과적인 소통과 협업 능력 등을 학생들이 반드시 길러야 하는 역량으로 설정하여 집중적으로 육성한다. 대학에서 함양한 능력과 기술은 졸업 후 직장과 사회에서 직접적으로 활용되어야 한다는 것이 미네르바의 교육철학이다.

학생 선발과 교과과정에서 미네르바의 차별성은 분명하다. 미네르바에는 1퍼센트 남짓의 합격률을 뚫고 80여 개 국가에서 선발된 600여 명의 학생이 등록되어 있다. 2020년 가을학기 전형에는 180여 국가에서 2만 5000명이 지원해, 그중 200명만이 합격했다. 미네르바는 다양한 국적과 소득, 관심사, 배경을 갖는 학생들을 선발한다. 학비는 미국 유수 사립대의 3분의 1 수준이며, 재학생의 80퍼센트 정도가 장학금 혜택을 받는다.[13]

미네르바 대학의 1학년 학생은 미국 샌프란시스코에서 기업 인턴십에 참여하며 기본소양 수업을 받는다. 2학년부터는 학기마다 세계 6개 도시(서울, 하이데라바드, 베를린, 부에노스아이레스, 런던, 타이베이)

---

13 Kosslyn, S. M. & Nelson, B. (eds) (2017). *Building the Intentional University: Minerva and the Future of Higher Education.* Cambridge, MA: The MIT Press.

를 순회하며 기숙사 생활과 다양한 문화를 체험한다. 이 시기에 예술과 인문학, 컴퓨터 과학, 자연과학, 사회과학, 경영 등 5개의 전공 관련 수업을 듣게 된다. 또 학생들은 다양한 문화를 접하며 수업에서 배운 내용을 다른 지역에서 어떻게 활용할 수 있는지 스스로 탐구하는 '지역기반 과제'(location based assignment)를 수행한다. 예컨대 토마스 모어(Thomas More)의 『유토피아』를 읽고 어느 지역이 유토피아적 특성을 가지고 있는지, 아니면 어느 지역이 왜 디스토피아인지를 설명하는 과제를 수행한다. 또 미네르바는 협력 기업과 단체 네트워크를 활용해 학생들이 산학협력 및 공공 프로젝트를 수행하도록 지원한다. 3학년부터는 심화 학습을 수행하며, 자신의 학습 내용과 문제의식을 종합하는 캡스톤 프로젝트(capstone project)를 시작하여 4학년에 완성한다.

미네르바 대학의 최대 강점은 수업과 실제 경험을 결합하는 프로그램을 개발하고 실행한다는 점이다. 모든 교과과정과 학습 활동은 인지과학, 심리학, 교육학 전문가들에 의해 치밀하게 설계된 결과물이다. 빠르게 도태되는 특정 분야의 지식보다는 사고방식과 문제 해결 방법을 중요시하는 기본소양 과정은 비판적 사고방식과 효과적인 의사소통 능력을 기르기 위한 필수교과목들로 구성되어 있다. 미네르바는 어디서든 배울 수 있는 진부한 과목들은 개설하지 않는다. 교과서적 지식을 수동적으로 배우기보다는 기초적 개념과 생각하는 방식을 터득하는 것이 교육의 목표이기 때문이다.

모든 수업은 자체 개발한 온라인 수업 플랫폼인 '포럼'을 통해 진행된다. '포럼'은 '수준별 맞춤 학습', '완전히 능동적인 학습', '체계적인 피드백'이라는 세 가지 교육 방식을 가장 효과적으로 구현할 수 있도록 고안되었다. 20명 미만의 소규모 세미나 수업에서 모든 학생들에게 최대한의 발언 기회를 제공하고 적극적 참여를 유도한다. 교수와 학생은 퀴즈와 토론을 통해 실시간으로 의견을 교환하며, 수업 중 소그룹 영상회의도 가능하다. 이외에도 '포럼'에는 효과적 학습을 돕는 50여 가지 기능이 탑재되어 있다. '플립드 러닝'(flipped learning) 방식에 따라 학생은 엄청난 양의 과제를 수업 전에 준비해야 한다. 모든 수업은 분 단위로 계획되어 있으며, 교수는 학생의 지적 성장을 돕기 위해 개별 학생과의 피드백을 상세히 작성하고 평가에 많은 시간을 할애한다. 또 교수는 수업 종료 후 녹화된 수업을 재생하며 개별 학생에게 자세한 피드백을 제공한다. 평가는 학생 발표와 수업 태도, 과제와 프로젝트 수행 실적을 종합하여 이루어진다. 학생들 사이에서 미네르바의 교수는 극한직업이라는 말이 떠돌 정도다.

수업이 온라인으로 진행되지만 학생들은 4년간 세계 7개 지역에 위치한 기숙사에서 함께 생활하며 오프라인 대학 학생들보다 더 친밀한 유대감을 형성한다. 미네르바는 온라인 교육기관으로 널리 알려졌지만, 실제로는 치밀하게 설계된 오프라인과 온라인 복합 교육기관이다.

'학생에 관심을 두는 교수를 채용한다'는 기준을 통과한 50여 명의 교수는 일방적 강의자가 아닌 능동적 학습을 도와주는 '조력자'(facilitator)로서의 역할을 담당한다. 학기 내내 수시로 과제 수행과 평가가 이루어지며, 교수와 학생 간 지속적인 피드백이 이어진다. '포럼'을 통해 학생과 교수는 높은 유대감을 형성한다. 교수평가는 통합형 대학과 달리 학생의 성취도를 높이는 데 얼마나 기여했는지를 기준으로 이뤄진다.

미네르바의 7대 교육 원칙은 기존의 대학 및 교육 방식과의 차별성(Being Unconventional), 상호 이해와 다양성을 지향하는 인간주의(Being Human), 복잡한 문제와 도전을 감내하는 과감성(Being Confident), 끊임없이 분석하고 평가하는 심화된 사고력(Being Thoughtful), 엘리트주의가 아닌 엄밀한 선별(Being Selective), 신뢰와 상호존중을 구축하는 진정성(Being Authentic), 적당히 안주하지 않고 최고를 지향하는 추진력(Being Driven)을 표방한다.[14]

미네르바 대학은 분명 새로운 교육 모델이다. 벤 넬슨은 미네르바식 교육의 목표는 미래 사회에 필요한 인재를 양성하는 것이라고 말한다. 다른 고등교육 기관들도 미네르바가 선도하는 교육 혁명에 동참하도록 하는 것도 중요한 목표라 밝힌다. 최근 개발한 '포럼 2.0'은 수백 명까지 동시접속이 가능한 학습플랫폼으로, 자체의 교육 혁신 모델을 확산하기 위한 노력의 일환이다.

미네르바의 실험은 복잡한 문제와 도전에 대응할 수 있는 기본

---

14 Kosslyn, S. M. & Nelson, B. (eds) (2017). *Building the Intentional University: Minerva and the Future of Higher Education*. Cambridge, MA: The MIT Press.

역량을 키우는 데 어느 정도 성공을 거두고 있다. 2019년 이후 배출된 졸업생들의 진로를 보면 이를 알 수 있다. 몇몇 졸업생은 아이비리그 졸업생들도 경력을 쌓아야 취업할 수 있는 헤지펀드와 벤처캐피탈에 곧바로 취업했고, 다른 졸업생들은 구글과 트위터 등 유명 글로벌 기업에 진출하거나 하버드 대학원에 진학했다. 물론 미네르바의 실험이 맥락을 달리하는 지금 한국의 상황에 곧바로 적용될 수 있다는 결론을 섣불리 내려서는 안 될 것이다. 하지만 대학교육 혁신의 방향과 관련해서 중요한 질문을 여럿 제기하는 것은 분명해 보인다. 그것은 배움의 본질과 대학이 육성해야 할 미래 인재들의 역량에 대한 근본적인 성찰이 필요하다는 점이다.

나. 대학교육 혁신의 방향

배움은 부분에서 출발하지만 전체를 지향한다. 자신에 대한 앎(self-knowledge)의 추구는 그동안 인류가 축적해온 인간과 사회, 자연과 우주에 대한 모든 지식으로 이어진다. 대학에서의 배움은 이른바 '존재의 거대한 사슬'을 어렴풋하게나마 파악하는 단계이기 때문에 중요하다. 자기계발의 노력과 함께 대학에서의 폭넓은 배움을 통해 개인과 사회, 자연과 우주를 잇는 질서의 실체에 다가갈 수 있다. 이러한 거대한 질서에 대한 이해와 지식은 '무엇이 의미 있는 삶인가'를 판단하는 지혜의 토대가 된다. 물론 대학에서 모든 답을 얻을 수 있는 것은 아니다. 그러나 자신과 사회적 삶의 방향을 점검하는 데 필요한 근본적인 질문들을 대학에서의 배움을 통해 이해하고 체득할 수 있다.

하지만 현재 한국의 대학교육이 이러한 목표를 달성하는 데에 가까이 다가가고 있다고 보기는 어렵다. 최근 한국교육개발원 교육정책네트워크가 발간한 '한국 고등교육체제의 특성과 미래 대응 방안' 보고서에 의하면 우리의 고등교육 체제는 목적 구성이 모호하고, 고등교육기관의 자율성과 책무성을 강화할 수 있는 법적 기반이 마련되어 있지 못하다. 또한 고등교육의 공공성 강화를 위한 근본적인 인식 전환과 재정투자 확대가 필요하다는 점이 강조되었다. 고등교육기관의 관료화와 무기력은 국가경쟁력을 높이기 위해 시급히 극복해야 할 문제다. 2020년 기준으로 한국의 고등교육 이수율은 OECD 38개 회원국 중 4위이지만, 그 내용과 실질에 있어서는 문제가 많다는 점이 드러나는 것이다.

2015년 세계경제포럼(World Economic Forum) 보고서 『교육의 새로운 비전』은 4차 산업혁명 시대에 가장 큰 변화가 필요한 영역 중 하나가 교육이라고 천명하고, 미래 인재의 16가지 능력 함양을 위해서는 '연결'을 핵심으로 하는 통합 학습이 필요함을 강조한다. 언어와 수학, 과학, 디지털 정보 처리 능력, 시민의식 및 다양한 사회 문화에 대한 이해력을 아우르는 기본적 문해력(foundational literacy)과 함께 비판적 사고력, 문제해결 능력, 창의성, 소통과 협업 능력을 미래 인재의 역량(competency)으로 제시한다. 아울러 호기심과 자기 주도적 태도, 인내심과 적응력, 리더십과 사회의식 등의 자질 (character quality)을 함양해야 한다고 지적한다.

요컨대 변화에 적응하는 미래 인재는 다양성(diversity; 다양한 지식의 축적과 활용), 연결성(connection; 소통과 공감 능력), 변화대응력(resilience; 유연하고 탄력적으로 해결책 모색)을 갖춰야 한다. 즉 네트워크와 플랫폼으로서의 대학의 모습을 개인 차원에서 내재화한 인재가 미래 인재의 모습이다. 이러한 미래 인재의 역량과 자질은 초등, 중등, 그리고 고등교육 과정 전체를 통해 길러질 수 있다. 과연 이러한 역량과 자질을 기르기 위해서 대학에서는 어떠한 교육이 필요한가?

한국의 대학교육은 아직 과거의 타성에서 벗어나지 못해 미래 사회에 필요한 인재를 양성하는 데 한계를 보인다. 미네르바의 실험은 한국의 교육 혁신에 도움을 주는 새로운 교육 모델이다. 국내의 통합형 대학도 교과과정과 수업방식의 혁신을 통해 미네르바가 시도하는 교육 혁명에 동참할 수 있다.

이제 누가·무엇을·어떻게·어디에서·누구에게 가르쳐야 하는지에 대한 미네르바의 지혜를 진지하게 검토하고 실천해볼 때다. 대학교육의 활력을 살리려는 의지와 능력을 갖춘 교수가, 전공으로 나뉜 지식이 아닌 생각하는 방식과 문제 해결 능력을, 일방적 강의가 아닌 치밀하게 설계된 능동적 학습플랫폼을 통해, 익숙한 공간이 아닌 새로운 학업 환경에서, 기존의 학업 성취도보다는 강한 동기부여와 잠재력을 기준으로 선발된 학생들에게 가르치는 교육이 확산되어야 한다.

우리는 미네르바 대학에서의 실험을 화두로 던지며, 아래에서 창의성, 시민성, 리더십, 생애역량 등 네 측면에서 교육 혁신의 방향성을 제시한다. 필진이 소속된 서울대의 경험에 대한 성찰에 바탕을 둔 토론이지만, 한국의 고등교육 전반에 대한 시사점은 충분하리라 생각한다.

2. 변화하는 지식에 대처하는 힘: 창의성

4차 산업혁명 시대는 인간이 갖추어야 할 지식의 내용을 근본에서부터 뒤바꾸고 있다. 한동안 세계는 지식기반 경제에서 창조 경제로 이행하고 있다고 이야기했었다. 지식기반 경제에서는 기술 관련 지식이 주도적 역할을 한다. 조그만 반도체 내에 얼마만큼의 정보를 담을 수 있는가가 산업적 경쟁력으로 이어지는 것이 그 대표적인 예라고 할 수 있다. 이 단계에서는 과학과 공학이 주체가 된다. 창조경제에서는 문화와 예술 산업이 부가가치가 높은 것으로 인식되면서, 정보보다는 아이디어가 핵심이었다. 지식과 기술을 갖고 있는가보다 인간 친화적이고 참신한 아이디어를 갖고 있는가가 산업경쟁력을 구성한다.

요즘은 창조경제라는 용어가 퇴색하여 많이 사용되고 있지 않지만, 그 핵심적 요청은 더욱 강화되고 있다고 할 수 있다. AI 시대 세계에 대한 정보를 추출하고, 그를 토대로 주어진 문제를 해결하는 일은 점차 인간의 손을 떠나고 있다. 세계와 관련된 지식을 조합하는 것은 빅데이터라는 이름으로, 그를 근거로 하여 문제를 해결하는 것은 자율학습능력을 장착한 뉴럴넷(neural network)의 이름으로 해결되고 있다. 설정된 문제에 대한 해결은 AI로 이전되면서, 단순한 문제해결보다 인간에게 친화적인 문제해결 능력, 더 나아가 문제를 푸는 능력보다 문제 자체를 구성하는 능력이 더욱 중요해지면서, 창의성과 아이디어가 단순한 지식에 비하여 더욱 중요해지는 경향이 모든 영역으로 확장되어 가고 있다.

지식의 양육을 핵심으로 하는 교육기관으로서의 대학은 이러한 시대변화에 대응하여야 한다. 사회의 기능에 봉사하는 인재를 준비시키기 위해서도, 비판적 지성을 양육하기 위해서도, 연구를 주도하는 후속세대를 양성하기 위해서도 대학은 시대가 요청하는 새로운 지식에 대한 이해와 능력을 육성하지 않고서는 기대하는 역할을 제대로 수행하기 어렵다.

한국의 대학들에게는 시대가 요구하는 지식형태의 변화가 더욱 민감한 사안으로 다가온다. 지난 4-50년 동안 한국은 세계의 최빈국에서 선진국으로 현대사에 유례를 찾을 수 없는 속도로 발전하였다. 이 기간의 대부분은 선진 산업 기술을 수입하여 체화하는 데에 바쳐졌으며, 우리는 이 과정을 성공적으로 수행하여 선진국의 대열에 설 수 있었다. 그러나 이런 추격의 과정이 마무리될 무렵에 세계는 변화된 지식개념의 새로운 틀로 진입하고 있다. 힘든 길을 따라와 숨을 고를만한 시점에 세계는 또 다른 레이스를 시작하는 셈이고, 이 레이스에서 한국은 더이상 좇아갈 선두 주자 없이 다른 주자들과 어깨를 나란히 하고 경쟁하여야 한다. 결승점에 도달했다고 생각하는 시점에서 새로이 힘을 내기 위해서는 대학이 앞장설 수밖에 없다. 그 핵심은 변화하는 지식에 능동적으로 대처하는 역량으로서 창의성 교육이다. 아래 4장에서 우리는 토론과 융합을 창의성 교육의 중심 요소로 제시한다.

3. 같이 살아가는 세상: 시민성

가. 비판의식을 갖춘 공동체적 인재

대학은 자유와 자율의 정신을 기반으로 형성되었다. 중세 초기의 대학도 학생과 교수들이 스스로의 자율적 탐구를 가능하게 하기 위한 조합을 구성하고자 하는 취지에서 형성되었으며, 근대 대학의 효시로 간주되는 베를린 훔볼트 대학(Humboldt-Universität zu Berlin)도 자율적이고 성찰적인 시민의 양성을 대학의 핵심 과제로 보는 칸트의 정신을 이어받아 설립되었다. 이 대학의 설립을 주도한 훔볼트(Alexander von Humboldt)는 '정치 권력에 제약받지 않는 교수의 자유와 학문의 자유'를 설립이념으로 삼았다. 자유를 토대로 한 비판 정신이 대학의 정체성을 구성한다는 사실은 널리 받아들여져 왔다. 그러나 현대사회에서 비판적 지성이 여러 지점에서 도전을 받고 있다 보니 새삼 대학의 이념에 대한 논의가 자주 등장하게 된다.

사회주의와 자본주의가 갈등을 겪던 냉전 시대 인간의 미래 사회는 어떤 모습이어야 하는가는 인류의 관심사이었고, 대학의 지성들에게 이와 관련된 규범적 담론이 핵심을 이루었다. 그러나 20세기 후반 권위주의 사회로 퇴행하던 사회주의가 몰락하고 신자유주의가 대세를 이루면서 어떻게 살아야 하는가에 대한 성찰은 뒷전으로 밀려나고, 효율성과 편의성을 중심으로 하는 세계의 조류가 대학까지도 휩쓸게 된다. 사회로 진출하여 부가가치를 늘리는 사업에 기여할 예비 인재를 양성해야 하는 기관으로, 또는 자체적인 첨단 연구를 통하여 부가가치를 창출해야 하는 기관으로서의 역할이 전면에 부각하면서, 비판적 지성의 보고로서의 대학의 기능은 약화되고 있다. 이러한 시대적 상황이 비판적 지성을 길러야 한다는 너무나 당연한 대학의 역할을 다시 꺼내어 논의하게 되는 배경을 이룬다.

한국의 상황에서는 이런 시대적 긴장감이 더 첨예하다. 자율과 자유의 정신이 숙성할만한 시민사회의 형성기도 거치지 않은 채 후기 자본주의의 물결에 동참하였고, 대학은 국가를 산업화하기 위한 전초기지로서 설립되었다. 교육을 숭상하는 유교주의적 전통이 학벌주의와 결합하면서 대학은 성공을 위한 디딤돌로 기능하고, 학위가 사회적 자격증화 되면서 정부는 교육과 학위과정에 더욱 깊이 개입하여 정치적 수단으로 활용하게 된다. 이 와중에 비판적 이성과 공동체적 정신을 장착한 성숙한 시민을 양육한다는 포괄적 교육기관으로서 대학의 이념, 애초부터 미약했던 이 이념은 더욱더 자리를 잡지 못하고 표류한다.

설상가상으로 대학을 나온 이들의 반시민적 행위는 더욱 주목을 받게 되고 대학에 대한 냉소적 분위기는 강화된다. 대학이 비록 산업 발전에 기여하고 먹고 입는 측면에서 삶의 질을 개선하기는 하였지만, 시민을 양육하지 못한 채 계급 사다리 상승을 위한 수단으로서만 기능하여 사회를 성숙한 공존의 장으로 인도하는 데에 별 역할을 하지 못하였다는 인식이 확산된다. 성찰적 의식을 지니고 공동체 의식을 갖춘 성숙한 시민을 길러내는 것이 한국 대학의 중요한 과제로 부여되고 있다.

공동체적인 시민의식을 갖춘 성숙한 시민을 양육하여야 한다는 과제는 사회적 리더를 길러내는 대학 모두에게 공통된 부담이기는 하지만, 서울대에 특히 무겁게 다가온다. 서울대는 사회 각계에서 다른 대학들과는 비교할 수 없을 정도로 많은 지도자들을 배출해 왔다. 지도자들은 행위 규범에 있어 모범을 보여야 한다는 것이 우리 문화에서는 당연한 것으로 간주되고 있어서, 서울대 출신들에 대하여는 평균 이상의 도덕성이 요구된다. 서울대가 국립대학교로서 상당한 국민 세금의 지원을 받았다는 것 역시 고려사항이다. 국민의 세금을 통하여 교육을 받은 인력이 사회에 대한 보은 의식이 없는 이기적 성향을 보일 때 더 큰 비난의 화살이 향하는 것은 당연하다. 그런데 근자에 사회지도층의 비위가 보고되고, 그들 중 서울대 출신의 경우에는 더욱 언론의 관심을 사면서, 서울대가 따가운 여론의 눈총을 받고 있다. 공동체 의식을 갖춘 인재를 양성해야 할 필요성이 더욱 긴박하게 다가오고 있는 이유다.

나. 시민교육 기관으로서 대학

'시민교육'(citizenship education)의 목표는 이처럼 비판의식을 갖춘 공동체적 인재를 길러내는 것이다. 민주화 이후 한국 사회에서도 시민교육에 대한 관심이 증가했지만, 그 초점은 대체로 중등교육이나 평생교육에 맞춰져 있다. 이에 비해 대학의 역할과 기능을 시민교육의 관점에서 보는 경우는 상대적으로 드물어 보인다.[15] 이는 큰

---

15 이동수 편. (2013). 『시민교육과 대학』. 고양: 인간사랑; 이동수 편. (2017). 『한국 대학 시민교육의 매뉴얼 : 방법과 실제』. 고양: 인간사랑; 김승연·김수경. (2015). "교양교육에서 대학활동 경험이 시민교육역량에 미치는 영향". 『교양교육연구』. 제9권 제4호. 11-44; 김혜영·유지현. (2020). "대학의 시민교육 프로그램 개발 및 운영사례 연구". 『시민인문학』. 제38호. 9-32.; 문용린·김지영. (2003). "국제비교를 통해 본 한국 대학의 민주시민교육". 『대학교육』. 124호. 75-87.

공백이 아닐 수 없다. 한국처럼 대학 진학률이 높은 사회에서는 대학이 미래의 노동력을 생산하는 거점일 뿐만 아니라, 공동체를 구성하는 많은 시민들이 인생 주기의 형성적인 시간을 보내는 공간이기도 하기 때문이다. 몇 해 동안 대학에서 배우고 경험하는 것들이 사회의 구성원으로서 공동체를 감각하고 타인과 관계를 맺으며 살아가는 방식에 지대한 영향을 미치리라는 것은 자명하다.

현재 대학교육의 방향성에 대한 담론을 주도하고 있는 키워드는 '혁신'이다. 교육 혁신에 대한 강조는 지식 주입과 이론 위주의 기존 교육 패러다임이 급속도로 발전하고 있는 기술과 산업, 빠른 인구 구조의 변화, 격화되는 글로벌 무한 경쟁의 맥락에서 적실성을 상실했다는 진단에 바탕을 둔다. 창의·융합 교육을 통해 미래형 인재를 양성해야 한다는 목소리가 높고, 주제 발굴과 문제 해결 능력을 키우기 위해 자기 주도적 학습과 동료들 간의 협업, 산학협력 등을 통해 교육과정을 재편하는 실험도 곳곳에서 진행되고 있다. 이러한 노력은 물론 중요하고 지속적으로 시도되어야 한다. 하지만 이런 방향의 혁신 담론이 대학의 사회적 기능을 '미래의 먹거리 창출'이라는 틀에 가두어서는 곤란하다. 대학에서 공부하고 살아가는 학생들을 미래 사회의 노동력으로만 간주하는 것은 대학교육을 수단화하고 생산성과 효율성의 논리에 다른 고려를 종속시키는 문제가 있다. 대학교육이 과연 어떤 인간과 시민을 형성하고 있는지에 대한 관심이 주변화되는 것이다.

한편 서울대를 비롯한 일부 대학에서 '리더십'을 강조할 때에도 시민교육의 관점이 누락되는 경향이 없지 않다. 리더십에 대한 강조는 때에 따라 선도적인 역할을 담당하는 엘리트들과 수동적인 대중의 구분을 전제한다. 분야에 따라서 이러한 구분이 필요하고 또 정당화될 수 있지만, 이것이 사회 운영 전반을 지도하는 원리가 될 수는 없다. 만약 리더십에 대한 논의가 견고한 지위 구분에 기반한 엘리트주의를 지향한다면 비록 그것이 공익과 봉사의 언어로 표현된다고 하더라도 사회적 연대를 훼손할 가능성이 없지 않다. 이러한 비전은 구성원 모두를 자유롭고 평등한 시민으로 간주하는 호혜적이고 민주적인 공동체의 이상과 거리가 멀다. 좋은 리더십은 민주적 시민성을 기반으로만 길러질 수 있다.

그렇다면 과연 우리 대학은 학생들이 훌륭한 개인, 직업인, 리더 등에 더해 '좋은 시민'으로서 살아가는 데에 필요한 교육과 연습을 충분히 제공하고 있는가? 그리고 시민교육을 촉진할 수 있는 물리적, 사회적 환경을 적극적으로 조성하고 있는가? 좋은 시민으로 살아가기 위해 대학 교육이 반드시 필요한 것은 물론 아니다. 그러나 많은 시민들이 생애 주기의 중요한 몇 년을 보내는 대학은 시민교육의 중요한 거점이자 가교 구실을 할 수 있다. 특히 입시에 몰두하는 한국 중등교육의 현실과 경쟁과 생존의 논리가 깊이 침투한 사회적 분위기를 고려하면 이 질문은 대학교육의 방향성 모색에서 중요한 위치를 차지해야 한다.

다. 현대사회의 시민성: 균형감각과 실천적 지혜

한국을 포함한 세계 각국이 사회적 갈등과 양극화, 진영논리의 심화와 타협의 실종, 좁고 근시안적인 이해관계의 충돌 등으로 특징지어지는 정치의 위기로 몸살을 앓고 있다. 갈등의 구조와 균열의 양상도 경제력과 학력, 세대, 성별 등을 포괄하며 점점 더 다양해지고 있다. 그러나 이러한 상황에 대한 타개책은 제도와 정책의 차원으로 국한되지 않는다. 연대와 관용, 참여와 사회적 책임 등의 가치가 확산되지 않은 상황에서의 정책적 타협은 갈등적인 상황에 대한 안정적인 대응이 될 수 없다. 즉 시민성(citizenship)의 문제는 지속가능한 민주주의를 담보하는 핵심적인 조건이라고 할 수 있다. 대학은 시민성의 문제를 학술적으로 탐구할 뿐만 아니라, 공식적, 비공식적 교육과정을 통해 시민성의 담론과 실천을 사회적으로 확산할 책무를 가진다.

그렇다면 현대사회가 요청하는 시민성은 어떤 모습일까? 그 탐색의 출발점은 다양성, 복수성, 이질성이 일상화된 현대사회의 조건에 천착하는 것이다. 이러한 조건은 급속한 지구화 과정과 밀접히 연계되어 타자와 차이, 불확실성, 위험 등의 문제를 부각시키고 있다. 그렇다면 더이상 과거의 형이상학적 세계관, 종교, 민족, 경제성장 등과 같이 사회 전체를 묶어내고 동원하는 구심점 혹은 그 기능적 등가물에 기대면서 통합적인 정체성을 빚어낼 수는 없다. 이해의 갈등과 의견의 대립을 해소할 수 있는 독립적인 근거가 없는 상황에서 발생하는 사회적 균열을 포용하고, 그것을 긍정적인 에너지로 바꾸어 내는 사회 전체의 역량을 길러야 하는 것이다. 그렇게 하기 위해서는 공동체를 유지하는 집합적 정체성에 대한 섬세한 접근이 필요하다. 공동체를 구성해내야 하지만, 그것을 동질성의 논리로 기획하려는 시도는 오히려 더 큰 갈등과 불안정을 초래할 뿐이다. 가치지향과 이해관계의 근본적인 충돌가능성을 인정하고, 지속가능한 상생의 문법에 기반한 공동체를 만들어 나가야 하는 어려운 과제이다. 현대사회에서 '시민'은 바로 이처럼 포용적이고 호혜적인 공동체를 일구는 구성원을 가리킨다.

현대사회가 요청하는 시민성의 모습은 다음 두 가지로 구체화될 수 있다. 첫째는 공적인 것에 대한 관심과 참여를 사적인 자율성과 조화시킬 줄 아는 '균형감각'이다. 시민은 국가권력의 침투로부터 개인의 자유와 권리를 지켜내는 데에만 몰두하지도 않지만, 공동체적 가치와 지향에 개인의 삶의 기획을 무비판적으로 종속시키지도 않는다. 정치참여를 통해서만 좋은 삶이 가능하다는 정치 최대주의도 멀리하지만, 공공의 영역을 배격하며 사적 개인으로서의 지향과 추구가 자연스럽게 조화를 이루리라 기대하는 정치 최소주의도 거부한다.

둘째는 명확한 기준이 존재하지 않는 상황에서 비판적으로 사고하고 합리적으로 판단하는 '실천적 지혜'이다. 현대사회에서 정치는 더이상 진리의 영역일 수 없다. 진리의 정치에 기반한 '두터운 공동체'에 대한 지향은 차이와 창의성, 다양성을 억압하기 쉽다. 또 '정답'을 찾는 과정으로 도구화된 정치는 가치와 이해의 갈등을 인정하지 않고 일방적으로 추진될 위험이 있다. 성숙한 시민은 공적인 문제에 대한 판단이 지식이나 정보의 취합으로 해소되는 것이 아니라, 비판적이고 관계적인 사고를 필요로 한다는 점을 이해하고 실천한다. 구체적인 맥락 속에서 '실현 가능한 이상'을 추구하기 위해서는 다름에 대한 관용과 공감 능력, 타협적인 태도가 요청된다는 점을 또한 체득한다.[16]

라. 시민교육의 방향

시민교육은 바로 이러한 균형감각과 실천적 지혜를 가르치고 배우는 과정을 일컫는다. 시민교육의 전통이 깊은 유럽과 미국 등 세계 각국의 사례는 시민교육이 공교육과 시민사회의 두 트랙에서 유기적, 상호보완적으로 진행되면서 전 생애 주기를 함께 해야 한다는 점을 보여준다. 대학도 예외일 수 없다. 한국의 많은 청년들은

---

16 우기동은 시민교육을 통해 양성해야 할 시민의 모습을 다음과 같이 설정한다: "첫째 민주사회를 발전시킬 역량을 가진 합리적 비판적 민주시민, 둘째 공동체적 삶을 유지하는 데 필요한 신뢰, 선의, 공감, 배려, 봉사, 유대의 덕목을 가진 따뜻한 이웃, 셋째 한 나라의 시민임과 동시에 지구사회를 생각하는 '세계시민'이 그것이다." (우기동. (2013). "대학 시민교육, 그 철학적 토대". 『시대와 철학』. 제24권 3호. 237-263.)

삶의 진로가 구체화되고 사회적 삶의 태도가 형성되는 결정적인 시기를 대학에서 보낸다. 대학이 학생들을 미래의 직업인으로만 준비시킬 것이 아니라, 삶 전체를 계획하고 타인과의 협동적인 관계 속에서 그 계획을 실행할 수 있는 역량을 갖춘 시민으로 키우는 데에 관심을 가져야 하는 이유이다.

여기서 시민성이 이론적 지식의 전수를 통해 학습될 수 있는 성격의 문제라기보다는 구체적인 삶의 경험 속에서 점진적으로 형성되는 역량의 문제라는 점을 명확히 인식하는 것이 중요하다. 이 때문에 세계 각국의 시민교육은 현장과 체험을 특히 강조한다. 다양한 관계와 공간 속에서 살아가면서 공적인 문제에 대한 관심과 비판적 사고, 정치적 문해력(political literacy), 조정과 타협의 기술 등을 배우게 된다. 즉 가르치고 전달하는 성격의 문제가 아니라 함께 배우는 것이라는 접근이다. 아래에서 강조하듯이 '잠재적 교육과정'이 '명시적 교육과정'에 못지않게 중요한 이유이다.

한국 중등 교과과정에서 시민교육이 진행된 양상은 몇 가지 점에서 반면교사로 삼을 만하다. 2000년대 이후 시민교육 정책들은 집권 세력의 이념적 지향에 따라 방향성과 내용이 요동치는 모습을 보여왔다.[17] 노무현 정부 이후 학교 시민교육 정책의 대체적인

---

17 박상영. (2020). "한국 민주시민교육의 정치학: 보수·진보 진영의 학교 민주시민교육 정책 분석 (2003-2020)". 『시민교육연구』. 제52권 3호. 1-33. 다음 논문도 참고: 서현진. (2012). "민주주의 심화와 민주시민교육: 한국과 미국

흐름은 보수와 진보 진영 간 대립과 정책적 단절로 요약될 수 있다. 자신들이 생각하는 '올바른' 시민교육의 형식, 가치, 내용을 사회과 교육과정에 투영하는 방식이다. 예컨대 보수 정권 하에서의 시민교육은 인성과 개인의 책임을 강조하고, 진보 정권 하에서는 참여적 시민성을 중심으로 하는 경향을 보인다. 또 내용과 범위에 있어서도 보수 정권 하에서는 경제나 근·현대사가 강조된다면, 진보 정권 하에서는 평화와 세계시민 교육, 지역에서의 실천으로 무게추가 옮겨간다. 시민교육이 그 자체로 첨예한 정치적 현안임이 드러남과 동시에, 정권의 정치적 입장에 따라 짧은 주기로 지향과 내용이 교체된다는 점에서 지속가능한 형태라고 보기 어렵다.

한편으로는 이렇게 '정치화'되었지만, 다른 한편으로는 정치적인 사안에 대한 자유로운 토론을 교육 현장에서 최대한 제거하여 분란의 소지를 없애려는 관성적인 태도가 여전히 강하다. 단적인 예로 최근 선거권과 피선거권이 18세로 낮춰진 이후 특히 고등학교에서 오히려 학생과 교사들의 정치적 관심이 표출되는 것을 차단하려는 움직임이 더욱 심해지는 양상이다. 이러한 회피의 방식은 앞서 언급한 바 특정한 관점을 주입하려는 온정주의적 접근과 동전의 이면을 이룬다. 정치적인 사안을 교과과정과 교육 현장에서 최

의 고등학교 정치교육에 관한 비교 연구". 『의정연구』. 제18권 3호. 105-137; Suissa, J. (2015). "Character Education and the Disappearance of the Political." *Ethics and Education*. 10(1): 105-117.

대한 제거하려는 태도는 정치에 대한 무관심과 냉소를 키울 수 있다는 점에서 우려스럽다. 청소년기 전반에 걸쳐 가치와 이해의 갈등을 솔직히 인정하면서 구성원들의 논쟁과 조율을 거치면서 합리적인 판단과 협동적인 결론을 유도하는 경험이 턱없이 부족한 것이 우리의 현실이다. 이에 비해 유럽 각국의 시민교육은 학교 교육을 정치현장과 적극적으로 연계할 뿐만 아니라, 학생과 교사들의 자율적인 정치활동을 보장하여 정치적 생태계의 다양성을 확보하기 위해 노력하고 있다.[18] 민주주의의 문제해결 능력을 증진하고 회복탄력성을 확보하는 기저에는 이러한 시민성이 자리하고 있다고 해도 과언이 아닐 것이다.

우리 대학의 현실을 되짚어 보면 과연 시민교육 기관으로서의 책무를 다하고 있는지에 대해 유보적인 대답을 내릴 수밖에 없다. 우선 시민으로서의 권리와 의무를 배우는 교과, 비교과 과정과 활동이 충분하다고 보기 어렵다. 또 대학의 굵직한 문제가 결정되고 갈등적인 사안이 다루어지는 방식이 구성원들과 사회에서 널리 납득할 정도로 합리적이고 투명하지 못한 경우도 많다. 자유롭고 평등

---

18 유사한 맥락에서 설규주·정원규는 독일의 보이텔스바흐 합의에 대한 비판적 분석을 바탕으로 다음 네 가지의 민주시민교육을 위한 교육원칙을 제시한다: 학습자의 자율성 제고, 논쟁성 재현, 모든 학습자의 참여 구조화, 학습자 가치·태도에 대한 평가 최소화. (설규주·정원규. (2020). "학교 민주시민교육을 위한 교육원칙 연구: 한국형 보이텔스바흐 합의를 위한 시론적 제안과 적용". 『시민교육연구』. 제52권 2호. 229-260.)

한 공동체의 구성원으로 스스로를 감각하고 다른 구성원들과 협동적인 관계를 익히고 훈련해 나가기에 좋은 환경이라고 보기 어려운 것이다.

그렇다면 시민교육의 관점에서 대학이 할 수 있는 일은 무엇일까? 이후 4장에서 '공식적 교육과정'과 그 배경 내지는 환경을 형성하는 '잠재적 교육과정'으로 나누어 이 문제를 탐색한다.

4. 누가 조국의 미래를 묻거든: 리더십

대학의 중요한 책무는 새로운 지식을 창출하여 이를 공동체를 위해 전파하는 데에 있다. 이 과정은 리더의 양성과 밀접히 연동된다. 하지만 수월성을 위한 노력에 공동체 의식이 뒷받침되지 않는다면 이는 단순히 1등을 위한 노력에 불과할 것이며, 그저 1등을 하는 인재를 양성하는 것이 대학의 목표가 될 수는 없다. 앞서 시민교육 기관으로서의 대학에서는 훌륭한 개인, 직업인, 리더에 더해 '좋은 시민'으로서 필요한 교육과 연습을 제공하여야 한다고 하였다. 따라서 우리가 요구하는 리더는 '시민성을 갖춘 리더'라 할 수 있다.

조직에서 리더는 전문지식뿐만 아니라 공감 능력을 바탕으로 구성원들 간의 갈등을 조정하고, 조직의 새로운 비전을 제시하는 사람이다. 그렇다면 리더 교육은 특정 분야의 전문지식을 전달하거나 연구하는 전문분야의 인재를 양성하는 것을 넘어, 사회 각 부문에서의 균형감각과 실천적 지혜를 갖춘 사람을 길러내는 과정이다. 대학에서의 수월성 교육과 리더 교육은 동전의 양면과 같아서 서로 떼어서 생각할 수 없는 것이다. 그렇다면 왜 다시 리더 교육인가?

첫째, 4차 산업혁명 등 사회구조의 변화가 가속화될수록 공동체 리더의 양성은 더욱 중요하다. 고도화된 지식정보 사회에서 부와 지식의 집중은 더욱 가속화된다. 전 세계의 억만장자는 지난 1년간 660명이나 증가하여 2755명이 되었고, 그들이 가진 재산은 약 13조 달러로 1년 전에 비해 무려 5조 이상 증가하였다(《그림 1》). 거의 실시간화된 정보 전달 양상은 보편적 지식의 확대를 가능케 하였지만, 역설적으로 지식의 집중은 더욱 가속화된 것이다. 예나 지금이나 개인에게 주어진 절대적 시간은 동일한 반면 더 빨리 더 큰 부자가 된다는 것은 그만큼 축적된 사회적 자산을 활용하여 쌓은 부의 비중이 훨씬 커진다는 것을 의미한다. 따라서 집중된 부를 가진 자가 그 부가 가진 사회적 의미를 망각한다면 그 자체로 부당하다. 또한 집중된 부와 지식을 갖춘 사람이 공동체 일원이라는 인식이 희박해지면 그만큼 우리 사회는 불행해질 것이다. 특히 최근 자료에 의하면 저학력의 아버지를 둔 자녀가 고소득층에 편입되지 못할 확률은 높아지는데, 이는 서울대와 같은 이른바 명문대학 입학생들의 공감 능력이 더욱 떨어질 가능성을 의미한다(《그림 2》).

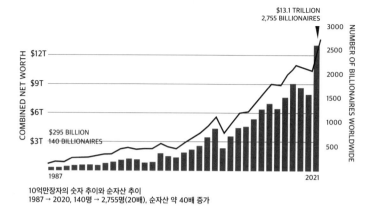

$13.1 TRILLION
2,755 BILLIONAIRES

$295 BILLION
140 BILLIONAIRES

10억만장자의 숫자 추이와 순자산 추이
1987 → 2020, 140명 → 2,755명(20배), 순자산 약 40배 증가

〈그림 1〉 억만장자의 수와 순자산 증가 추이(1987년-2021년)[19]

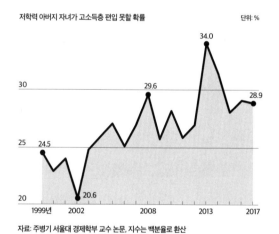

저학력 아버지 자녀가 고소득층 편입 못할 확률　　　단위: %

자료: 주병기 서울대 경제학부 교수 논문, 지수는 백분율로 환산

〈그림 2〉 저학력 아버지 자녀가 고소득층에 편입하지 못할확률 변화
(1999년-2017년)[20]

19 "Forbes' 35th Annual World's Billionaires List: Facts And Figures 2021". (April 6, 2021). *Forbes.* https://www.forbes.com/sites/kerryadolan/2021/04/06/forbes-35th-annual-worlds-billionaires-list-facts-and-figures-2021/?sh=dce20f95e587.

둘째, 공동체의 리더를 요구하는 사회로부터의 요청이 있기 때문이다. '서울대 출신은 자신만을 아는 이기주의적 경향이 강하다', '개인능력은 뛰어나지만 조직 속에서 조화를 이루지 못한다', '주어진 문제는 잘 풀지만 조직을 이끄는 비전을 제시하지는 못한다'는 인식이 적지 않다. 서울대 법과대학 졸업생인 이수영 광원산업 회장은 총 766억 원을 KAIST에 기부하여 지난 2020년 역대 최고 기부자가 되었다. 왜 모교가 아닌 KAIST를 선택하였느냐는 진물에 이수영 회장이 남긴 다음의 말은 뼈아프게 다가온다.

> "부끄러운 얘기지만 (서울대생은) 공부는 잘하는데 사회공헌하는 게 없더라. 사회를 위해 몸 바쳐 일하는 게 없었다. 개인적인 영달에 빠지는 모습을 봤다. 내가 장학금을 주는 철학과 배치되는 일이라고 생각했다."[21]

2021년 넷플릭스에 최대 매출을 안겨준 드라마 〈오징어 게임〉에서도 이기적이고 머리만 잘 쓰는 인물의 출신학교가 굳이 서울대로 설정된 것도 생각해 볼 여지가 있다. 이와 같은 세간의 인식은 서울대에서의 리더 교육이 충분치 못하고, 어떤 리더를 양성할 것

---

20 《중앙일보》. 2019년 5월 6일. "여성 대통령도 나왔는데…여성이 고소득층 못될 확률 '사상 최고'". https://www.joongang.co.kr/article/23459666#home.

21 《헬로디디》. 2020년 7월. ""패권국 이끌어달라" 80대 여걸, KAIST에 676억 쾌척". https://www.hellodd.com/news/articleView.html?idxno=72406.

인지에 대한 확고한 교육철학과 공감대가 부족했기 때문에 생긴 것이다. 공동체 의식을 갖춘 리더를 양성한다는 명확한 목표를 재설정하고 이에 합당한 공식적이고 체계적인 교육을 수행하여야 하는 이유이다.

셋째, 개발도상국에서 선진국에 진입한 우리나라에 지금까지의 추격자 전략과 다른 차원의 전략이 필요하며 이에 따른 리더 교육이 필요하기 때문이다. 우리나라는 산업적으로 세계 최고인 분야를 여럿 보유하고 있고, 많은 분야가 이에 근접해 있다. 선두권에서는 누구를 보고 따라할 수 없기에 추격자 전략은 더이상 실효성이 없다. 끊임없이 새로운 과제를 설정하고, 미래를 바라보며 새로운 비전을 제시해야 하는 것이다. 서울대를 포함한 우리나라의 학생들은 대체로 주어진 문제를 푸는 데에는 익숙하나 문제를 정의하는 능력은 비교적 약하다. 선진국에 진입한 우리 사회에 필요한 사람은 주어진 문제를 푸는 사람보다는 문제를 정의하는 출제자의 모습에 가까울 것이다.

문제를 정의하는 능력을 기르기 위해서는 지금까지 쌓아온 확립된 지식뿐만 아니라 상상력과 공동선을 추구하는 의식이 필요하다. 페이스북(현재 메타)의 창업자인 마크 저커버그(Mark Zuckerberg)는 실리콘 밸리의 대표적인 혁신가로 자산 약 1,000억 달러의 부호이다. 하버드대 재학시절 그가 창업을 하고 도전하게 된 동기는 더 고도화된 전문지식의 축적이 아니라 '세상을 연결하겠다'는 꿈에 있었다고 한다. 페이스북의 성공에는 수천 명 이상의 프로그래머의 앞선 전문지식, 즉 기술력이 필요하지만, 이것만으로는 그가 이룬 성취를 설명할 수 없다. 2021년 타임지 올해의 인물에 선정된 엘론 머스크(Elon Musk)는 테슬라를 단숨에 주가 총액 1위의 자동차 회사로 만들고 전기차로의 산업적 전환에 큰 기여를 한 인물로 평가받는다. 지구를 위해 할 일을 찾던 머스크는 미국 항공우주국(NASA)이 화성 탐사 계획이 없다는 것을 알고 충격을 받았으며, 이것이 화성을 식민지화하려는 비전으로 설립된 스페이스엑스(SpaceX)의 창업 배경으로 알려져 있다. 저커버그와 머스크의 꿈은 상상력과 혁신적인 기업가 정신 없이는 자라나지 못했을 것이다. 학교 안에서의 갇힌 교육으로는 이와 같은 상상력과 기업가 정신 혹은 미래 비전에 대한 갈망을 획득하기 어렵다. 더 열린 교육기회를 통해 연결된 사회와 소통할 때 우리 사회와 세계를 통찰할 수 있고, 지금까지의 닫힌 교육에서 획득하지 못했던 문제 정의 능력을 기를 수 있다.

넷째, 리더 교육은 사회와 대학과의 신뢰 형성을 위해 필수적이며, 이는 사회로부터의 지원과 연결된다. 예컨대 서울대에는 막대한 정부의 예산이 교육과 연구를 위해 투입되고 있다.[22] 막대한 지원은 서울대 졸업생이 본인의 전문지식에만 능통한 사람보다 전문

---

22 서울대학교는 2021년 기준 5,000억 원 이상의 정부출연금을 지원받았으며 연구비의 80% 정도는 정부출연연구비로 2021년 기준 약 4,600억 원에 달한다.

지식을 겸비한 공동체 리더로서 기능하기를 기대하기에 이루어진다고 할 수 있다. 이 예산 지원의 전제는 우리 공동체의 인재를 양성하는 것이며, 사회에 꼭 필요한 인문사회 및 과학기술 분야의 새로운 연구를 하라는 것이다.

또 대학이 사회의 자산이라는 인식을 확보하는 것은 기부금 등을 통한 대학 재정확보를 위해서도 필요하다. 세계 최고의 대학 기부자는 마이클 블룸버그(Michael Bloomberg) 전 뉴욕시장이다. 그는 모교인 존스 홉킨스대학에 졸업 이듬해 5불을 기부한 이래 총 33억 불(약 4조 원)을 기부하였다.[23] 갈수록 악화되는 지식의 되물림에 좌절한 블룸버그가 기부를 결심한 것은 어려운 형편의 고등학교 졸업생이 학비를 걱정하지 않고 명문사립대학을 다닐 수 하기 위해서였지만, 존스 홉킨스대학에 대한 신뢰가 없이는 이런 기부가 이루어질 수 없었을 것이다. 국립대학법인으로서의 서울대가 정부 출연금 의존도를 점차로 줄여나가고 재정독립을 강화하기 위해서는 대학에 대한 신뢰를 확보하는 것이 중요하다. 특히 블룸버그와 같이 대학의 재정 확충에 기여할 능력과 의지를 갖춘 사람들은 대폭적으로 증가해 왔고 앞으로도 그러할 것이다. 우리나라에도 이들이 대학의 재정에 중요한 부분을 담당하게 될 것이다. 그렇다면 대학에 대한 사회적 신뢰가 충분한지 자문하고, 이를 확보하기 위

---

23 "Michael Bloomberg: Why I'm Giving \$1.8 Billion for College Financial Aid". (November 18, 2018). *The New York Times.*

한 비전이 필요하다. 이처럼 공동체의식과 리더십을 갖춘 인재를 양성하는 일은 대학의 재정적 독립과 안정적인 운영의 문제와도 직결된다.

5. 요람에서 무덤까지: 생애역량

그동안 대학교육을 비롯한 교육 현장에서 치중해 왔던 강의로 전달하려 했던 지식은 급속도로 증가하고 있다. '지식 두 배 곡선'(knowledge doubling curve)에 의하면 인류의 지식 총량이 늘어나는 속도는 100년마다 두 배씩 증가했던 것이 1990년대부터는 25년으로, 현재는 13개월로 그 주기가 단축되었으며, 2030년이 되면 지식 총량이 3일에 두 배씩 증가할 것이라고 한다.[24] 심지어 불변의 지식일 것 같았던 의료 지식 데이터베이스인 메드라인(Medline)에서도 1년에 70만 건 이상의 논문이 출판된다. 4차 산업혁명의 핵심 기술인 인공지능 기술은 이세돌을 이기는 알파고를 필두로 인간보다 통번역을 더 잘하는 통·번역가, 춤을 더 잘 추는 댄서, 범인을 더 잘 잡는 경찰, 인재를 더 잘 뽑는 면접관, 글을 더 잘 쓰는 작가 등

---

24 Fuller, T. (2007). "Does Human Knowledge Double 5 Years?". http://newsfan. typepad.co.uk/does_human_knowledge_doub.

을 탄생시켰으며, 그 외 반복적인 패턴이 있고 명확하게 정의되는 분야의 문제 해결에는 복잡한 지식과 데이터를 탑재하여 탁월한 능력을 보여주고 있다. 우리의 대학생들이 졸업하여 살아가게 될 미래에는 인간이 이런 성격의 지식에 있어서 인공지능과 싸워서 이기기가 어렵다.

따라서 대학은 인간이 인공지능보다 뛰어날 수밖에 없는 생애역량을 교육하는 데 중점을 두어야 한다. 세계경제포럼은 그러한 역량으로 정형화하기 어려운 창의력, 비판적 사고능력, 소통 능력, 협업 능력을 꼽았다. 인간이 생애를 거치면서 필요한 생애 역량을 연구한 유명한 프로젝트로 OECD의 데세코(DeSeCo, Defining and Selecting Key Competencies) 프로젝트(1997-2003)를 들 수 있다. 이 프로젝트의 최근 버전인 'OECD 교육 2030'에서는 2018년에 생애역량을 새롭게 '변혁적 역량'이라고 칭하며 발표하였는데, 새로운 가치를 창출하는 능력, 긴장과 딜레마를 조정하는 능력, 책임을 지는 능력을 포함하고 있다.[25] 새로운 가치를 창출하는 능력은 비판적 사고력, 창의력, 협동 능력, 혁신적 해답을 찾는 능력 등을 지칭하고 있고, 긴장과 딜레마 조정 능력은 서로 상충하는 논리와 요구, 복잡성과 모호성을 공감과 존경으로 조정하는 능력으로 설명되고

---

25 OECD. (2019). "Transformative Competencies for 2030." www.oecd.org/education/2030-project/teaching-and-learning/learning/transformative-competencies/in_brief_Transformative_Competencies.pdf

있으며, 책임지는 능력은 윤리의식과 통찰 능력을 말하고 있다.

앞서 미네르바 대학의 사례에서 언급한 네 가지 역량(비판적 사고력, 창의적 문제 해결 능력, 효과적인 소통과 협업 능력)은 결국 사고력과 소통 및 협업 능력 두 가지로 종합할 수 있다. 사고력 분야에서 수없이 많은 학자들과 교육자들이 언급하는 것이 비판적 사고, 창의적 사고, 문제 해결 능력, 그리고 최근 강조되고 있는 시스템적 사고이다.

시스템적 사고는 현상과 사물을 전체와 관계의 관점에서 바라봄으로써 그 복잡성을 이해하는 사고 방법으로, 비판적, 창의적 사고와 함께 대학교육에서 중요한 핵심역량이라고 생각할 수 있다. 대학 교양 교육의 중요한 목표 중 하나는 인간의 삶을 구성하는 각각의 요소들이 서로 어떻게 연결되어 있는지를 이해하는 것이다. 즉 교양교육을 통해 학생들은 일부분을 보면서 그것이 전체의 부분임을 알고, 부분들 간의 관계를 이해하며, 상호작용과 영향 관계의 원칙을 파악하는 능력을 키워야 한다.

이러한 생애능력들은 광범위한 의미에서 직업교육이 될 수 있다. 미네르바 대학은 교양교육과 직업교육의 접점을 이와 같은 생애역량 교육에서 찾은 것으로 보인다. 미네르바 대학은 특정 직업을 위해 직업적, 전문적 프로그램을 제공하지는 않지만, 결과적으로 직업 세계에서도 성공할 수 있는 교육을 실시한다. 심지어 아직 존재하지 않는 직업에서도 성공할 수 있도록 하기 위한 교육도 포함한다. 미네르바 대학의 교육이 생애역량 교육이라는 관점에서 혁신적인 이유 중 하나는 4년간의 대학 생활을 통해 학생들에게 기본적인 요리 기술에서부터 시간 관리에 이르기까지 삶의 기술 전반을 가르치고, 졸업 후 직업 세계에서의 성공을 위해 경력 관리 서비스를 입학 직후부터 제공하며, 졸업 직후를 넘어 평생 이러한 서비스를 제공한다는 것이다. 즉 미네르바 대학은 학생들이 변화하는 세계에 적응할 수 있도록 돕는 지적 도구들, 즉 물고기가 아닌 낚시하는 법을 통해 평생의 삶에서 성공하도록 교육하려 노력한다. 지식이라는 머지않아 상할지 모르는 물고기, 머지않아 유효하지 않을지도 모르는 콘텐츠를 전달하는 것이 대학의 중요한 교육적 역할이 되어서는 안 된다는 말이다.

IV. 혁신이라는 이름의 마차는 어떻게 굴러가는가?

1. 창의성과 시민성 교육을 위한 두 바퀴: 토론과 융합

가. 토론과 융합을 통한 창의성 교육

창의적이면서도 공동체 의식을 갖춘 인재를 양성하기 위해서 대학의 교육은 어떤 모습을 지녀야 할까?

창의성부터 살펴보자. 창의성은 오래됨과 새로움이 긴장을 이루는 가운데 자라난다. 창의성의 핵심에는 새로움이 놓여 있어서 창의적이기 위해서는 기성관념으로부터 벗어나는 것이 중요하다. 그렇다고 그저 새롭고 엉뚱하다고 하여 창의적이진 않다. 창의적이기 위해서는 현실적 적실성이 있어야 한다. 현재 우리가 직면한 문제는 무엇이며, 이 문제의 해결은 어느 수준에 도달해 있는가에 대한 정확한 이해 없이 새로운 생각으로만 달아나는 것은 엉뚱할 뿐 창의적이지 못하다. 창의성에는 이렇게 오래됨이 놓여 있다. 그렇다고 오래됨에 매몰되어서는 진부해져서 창의성이 생겨날 수 없다. 오래됨에 뿌리를 내리고, 새로움으로 달려 나가는 노력에서 창의성이 형성된다. 현실에 대한 파악에 기반을 두되 현실에 매몰되지 않고, 그를 초월하여 인간의 삶에 도움이 될 수 있는 새로운 관점, 또는 기존의 문제를 해결하는 새로운 해결책을 제시하는 현실 파악과 넘어섬의 긴장된 분기점에 창의성은 자리 잡고 있다.

오래됨과 새로움의 역설에 자리를 잡고 있는 창의성은 주제적으로 가르쳐질 수 없다. 창의성은 기존의 주제화되고 정형화된 접근 방식에 대한 의심과 성찰에서 출발하기 때문이다. 기존의 학문이 부지불식간에 전제하고 있는 것이 무엇인가를 성찰하고 의심하는 작업에서부터 창의성은 시작된다. 이 작업을 홀로 수행하는 것이 불가능하지는 않지만, 자신이 가정하고 있는 전제를 스스로 파악한다는 것은 쉬운 일이 아니다. 그래서 창의성은 토론의 장에서부터 양육되어야 한다. 서로 다른 사고방식을 가진 사람들이 공통의 문제에 관한 토론에 참여하게 되면, 참여자는 자신이 갇혀 있던 생각의 울타리를 인지할 뿐 아니라, 같은 문제를 바라보는 다양한 관점에 노출됨으로써 새로움으로 도약할 수 있는 계기를 맞이한다. 토론은 또한 기존의 학문적 탐구가 현재 어디까지 와있는가를 배우는 데에도 큰 도움이 된다. 이런 점에서 토론의 형식은 오래됨과 새로움의 교차로에 있는 창의성을 배우는 가장 교화적인 통로라고 할 수 있다.

4차 산업혁명 시대에 창의성을 이야기하기 위해서는 융합을 이야기하지 않을 수 없다. 컴퓨터 과학의 발전의 연장선에서 1950년대에 인공지능이라는 말이 처음 사용되기 시작한 이래, 70년대 후반과 80년대 후반에 발전이 정체되는 소위 '인공지능의 겨울'을 겪기는 하였지만, 고전적인 인공지능 프로그램과 경쟁하다가 별로 빛을 보지 못하던 뉴럴넷이 딥 러닝 기술의 도입과 더불어 2000년대부터 화려하게 복귀하면서 이제는 빛의 속도로 발전하고 있다.

4차 산업혁명을 주도하는 또 하나의 줄기는 생명과학이다. DNA가 1869년 발견되고 2003년에 DNA에 대한 포괄적 지도를 그려내기까지는 140년 가까운 시간이 걸렸지만, 이후 생명과학 역시 엄청난 속도로 발전하며 생명에 대한 생각을 근본적으로 바꾸어 놓고 있다. 이 과정에서 생명과학은 인공지능, 데이터 사이언스 등과의 시너지를 통하여 많은 연구 성과를 내고 있다. 질병과 관련된 다양한 데이터를 처리하여 인공지능은 병을 진단하고, 그에 대한 개별화된 치료법을 제시하는 수준에 도달하여 있고, 실제로 활용되고 있다. 제약 산업에서도 인공지능을 활용하여 환자 데이터를 바탕으로 개인에게 특화된 개인 맞춤 치료제를 개발하고 있다.

학문 간 융합은 과학 내부의 분야들 사이에서 진행될 뿐 아니라, 이공계와 인문사회계를 가로지르며 발전하고 있다. 예를 들어 환경

문제를 해결하고자 하는 시도는 환경정책이나 경제학을 비롯한 사회과학과 폐기물 처리와 관련된 박테리아 연구, 기상학 등의 다양한 분야의 협력을 요청하고 있다. 이렇듯 21세기는 융합의 시대로 향해가고 있으며, 이러한 상황에서 기존의 주제들을 어떻게 엮을 것인가가 창의성의 한 축을 구성하고 있다.

나. 공감과 이성의 균형을 통한 시민성 함양

토론은 창의성뿐 아니라 공동체적 의식을 양육하기 위해서도 필수적이다. 서로를 배려하는 의식은 공감과 이성의 두 축을 통하여 발전한다. 진화론자들은 인간이 종으로 살아남기 위하여 협력이 필요하였고, 그러한 필요에 의한 진화의 결과 공감 능력이 개발되어 확산되었다고 말한다. 반면에 종교인들은 공감을 신이 준 선물이라고 이야기한다. 어찌 되었든 공감은 인간의 본성에 깊이 자리 잡고 있는 중요한 자산이며, 공존을 위한 윤리의 원천임을 모두 인정한다. 공감 능력이 있기 때문에 남을 함부로 해하여서는 안 된다는 마음이 생기며, 이런 마음이 있기에 규범과 윤리도 있을 수 있다. 사이코패스에게서 윤리를 찾기 어려운 이유는 그들이 공감 능력을 결여하고 있기 때문이다.

그러나 공감은 나와 가족, 친족, 동족과 같은 가까운 그룹에 대하여는 호의적으로 작동하는 반면, 경쟁 대상에게는 잘 작동하지도 않고 때로는 역기능을 한다는 한계를 갖고 있다. 이러한 공감의 한계를 보완하여 보편적인 공존의 의식을 생산하는 것은 이성이다. 이성은 보편적인 원리에 의한 정당성을 추구하는 능력이기 때문에, 나와 가까운 사람들과 가깝지 않은 사람들 사이에 상이한 윤리적 판단을 적용하는 것을 용납하지 않는다. 이성이 발전함에 따라 내가 적용하는 윤리적 규범의 외연은 점차 넓어져 간다. 피터 싱어(Peter Singer)는 이성의 규범이 적용되는 범위를 확대함으로써 인류가 진보한다고 생각한다.[26]

공감과 이성의 두 축을 발전시키는 가장 효과적인 방법은 토론이다. 그동안 토론 교육은 우리의 교육과정에서 충분히 강조되지 않았다. 1970-80년대에는 공공의 윤리가 국민윤리와 같은 과목을 통하여 강의 형태로 주제화하여 교육되었다. 윤리는 어떻게 살아야 하는가에 대한 지침의 성격을 갖는 것으로 자발적 동의를 통하여 체득되어야 한다. 교과서적으로 주입식 교육을 하는 것은 삶의 방식에 대한 개입으로 느껴져 오히려 거부감을 유발하게 된다.

그뿐 아니라 가치의 다원성을 특징으로 하는 현대 사회에서 공동의 규범을 구성해나가기 위해서는 상이한 의견을 이해하고 조율하는 과정을 거쳐야만 한다. 강의식 규범 교육은 이런 조율의 능력을 배양하는 과정을 누락하고 있다. 토론 교육만이 이 두 가지 조

---

26 Singer, P. (1981). *The Expanding Circle: Ethics and Sociobiology*. New York: Far-rar, Straus & Giroux.

건, 즉 이견을 이해하고 조율하여 공동의 규범에 도달하는 것과 그 규범을 나의 것으로 수용하는 것을 만족할 수 있다. 토론은 본질적으로 이견을 조율하는 작업이기에 상대방의 입장을 이해하여 잠재적 대립자를 공감의 영역 안으로 끌어들이며, 이성적·논리적 과정을 통한 이견 조율과 합의 작업이기에 도달한 결론을 나의 것으로 수용하는 효과를 수반하게 된다.

창의성과 시민성을 양육하는 것이 오늘의 교육에서 가장 중요한 두 구성요소이며, 이 목적에 도달하기 위한 방법론은 토론과 융합이라는 것이 지금까지 논의의 핵심이었다. 토론은 창의성과 시민성에 동시에 관여하고 있으며, 현대의 창의성을 위하여는 부가적으로 융합의 정신이 깃들어야 한다.

여기에 토론에 관한 생각을 조금 더 확장해 보도록 하자. 토론은 물론 대학의 공식적인 교육과정에 충분히 반영되어야 한다. 그러나 토론이 강의의 형식에 제한될 이유가 없다. 토론이 강조되는 이유는 자신의 기존 관념을 성찰하여 새로운 사고방식을 터득하고(창의성), 또한 이견에 귀 기울이고 조율하는 태도(공공의식)를 고양하기 때문인데, 이러한 태도는 강의의 형식으로부터 영향을 받기도 하지만, 또래들 사이의 관계를 통해서 형성되는 측면도 결정적으로 중요하다. 학과 행사를 통하여 동학들을 만날 수 있고, 동아리를 통하여 전혀 학문적 배경이 다른 동료들과 살을 맞대고 교류할 수 있다. 이런 교과외적 활동이 대화의 문화를 활성화하는 데에 중요하다는 것을 부정할 수 없다. 자신의 기성관념을 성찰하고 이견을 조율하는 태도로서의 토론을 활성화하는 데에는 이런 교과외적 활동이 교과활동에 비하여 더 효과적일 수도 있다. 따라서 문화로서의 토론이 자리잡을 수 있는 캠퍼스 환경에 대하여도 함께 고민할 필요가 있다. 이제 지금까지의 논의를 다음과 같은 도표를 통하여 요약할 수 있다.

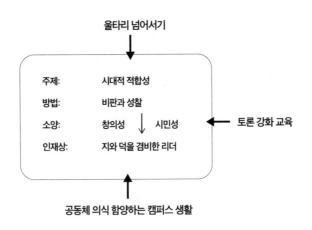

2. 토론과 융합 교육은 어떻게 이루어져야 하는가?: 학부기초대학 설립을 통한 교양교육 강화

가. 융합적 주제의 토론중심 교양교육

앞서 강조하였듯이 대학교육의 중심에는 융합적 토론 교육이 있어야 한다. 이를 위해 무엇이 어떻게 변해야 할까? 창의성, 융합, 시민성의 중심에 비판적 사고가 있으며, 이를 위하여 교양교육이 강화되어야 한다.

창의적 인재를 양성하기 위해서는 문제를 바라보는 다양한 시야에 노출됨과 동시에 기성 관념에 도전하고 성찰하는 교육이 필요하다. 창의성의 중심에 비판적 사고능력이 있기 때문이다. 비판적 사고능력을 함양하는 것은 교양과 전공 가릴 것 없이 모든 교육과정에서 중요하다. 그러나 전공교육에서는 전문지식의 중요성이 상대적으로 높다는 것을 고려하면, 교양교육에서 비판적 사고를 위한 초석을 놓는 역할이 더 강조될 수밖에 없다. 교수와 학생, 학생 상호 간의 토론을 통하여 스스로와 서로에 대한 비판적이고 성찰적인 사고가 함양될 때 비로소 창의성이 확보될 수 있다.

아울러 토론을 중심으로 하는 교양교육은 현대인이 부딪치는 다양한 사회적 문제들을 다루게 되고, 이 과정에 과학과 기술에 대한 다양한 논의가 포함될 수밖에 없다. 이러한 과정을 통하여 이공계 학생들은 사회의식을 갖추게 되고, 인문사회계 학생들은 사회의식과 더불어 과학과 기술에 대한 소양도 갖추게 된다. 말하자면, 인문, 사회, 과학, 기술을 아우르는 교양교육을 거침으로써 주제 중심이 아니라 문제 중심으로 사고하는 능력을 함양하게 되는 것이다. 이 과정은 자신이 진정으로 열정을 가지는 문제를 찾는 데에 도움을 주며, 이 문제를 해결하고자 하는 관점 아래서 다양한 학문들을 접하는 계기가 마련되어 융합적 사고의 토양이 된다. 아울러 사회적 문제에 대한 의식을 고양시키고, 다양한 관점을 접하며 조화하고 타협하는 기술을 길러 현대사회에 필요한 시민성을 갖추는 데 도움이 된다.

하지만 오늘의 교양교육은 타성에서 벗어나지 못하고, 대다수의 강좌들이 지식 전달을 주목표로 하는 주입식으로 진행되고 있다. 특히 비판적 사고의 중심이 되어야 할 인문학 교육이 구태의연한 고담준론의 형태로 진행이 되면서 교수, 대학원생, 학부생들 사이에 무용론이 확산되고 있는 것은 심각한 문제다. 비판적 사고를 자극하는 창의적 토론 교육으로의 방향 전환이 시급하며, 그럴 때만 창의적이고 비판적인 사고 능력을 갖춘 인재들이 전공교육 과정으로 투입되어 대학교육 전체가 시대의 요구에 부응할 수 있다. 이러한 변환을 위해서는 대학이 주도적으로 비판적 사고를 양육하는 토론 중심의 교양 교과를 모범적으로 구성하여 확산시킬 필요가 있다.

하나의 안으로 생각해 볼 수 있는 것은 "환경과 인간", "개인과 사회", "과학과 문명", "생명의 의미", "무기의 발전과 문명" 등의 사회적 의미를 갖는 융합적 주제로 토론 중심의 집중 강의를 개설하여 운영하는 것이다. 예컨대 학기당 10개 강좌를 2년 주기로 총 40개 강좌를 개설하여, 모든 학생들에게 첫 2년 동안 4개 과목을 듣도록 하는 것을 생각해 볼 수 있다.

나. 학부기초대학의 역할

토론 중심으로 비판적 사고를 함양하는 강좌를 어떻게 운영할 것인가에 관하여는 많은 논의가 있을 수 있다. 그러나 분명한 것은 교양교육을 담당하는 기관은 문이과를 포괄하는 성격을 가져야 하며, 학부생들의 통합적 교육을 관장하는 행정 주체임과 동시에 내용을 공급하는 교육 주체가 되어야 한다는 점이다. 학생들이 입학에서 전공까지 어떤 소양을 갖추어야 하는가에 대한 비전을 갖고, 이에 따라 교양교육 계획을 세우고 교육 내용을 공급할 권한을 동시에 갖는 기관이 교양교육의 주체가 되어야 한다.

이러한 역할을 수행하기 위해서는 교양교육의 내용을 공급하는 역할을 주로 맡는 인문대, 사회대, 자연대를 아우르는 별도의 기관을 구성하는 것이 바람직하다. 가장 이상적인 것은 세 단과대학을 통합하는 것이다. 이들이 분리되어 각기 자신의 주제와 관련된 교양강좌를 제공하는 한, 세 단과대학을 가로지르는 융합적 내용을 토대로 하여 토론하는 강좌를 운영하고자 하는 시도는 협조를 얻기도 쉽지 않고 갈등을 일으킬 소지가 있다. 하지만 세 단과대학을 바로 통합하는 것이 쉽지 않다면, 각 단과대학에서 파견 또는 이적한 교수들로 구성된 별도의 교육 단위를 구성하여 교양교육과 관련된 일체의 권한을 위임하는 방법을 생각해볼 수 있다.

자신이 진정으로 원하는 것이 무엇인가를 깨닫고, 관심 주제를 탐구하기 위한 융합의 의식이 성장하고, 이견을 이해하고 조절하는 능력이 성숙하는 일은 단기간에 이루어질 수 없다. 이를 위해서는 모든 학생들이 최소한 3학기 또는 4학기 정도의 기간 동안 학부기초대학에 전속되어 다양한 배경의 학생들과 교류하며, 문이과를 가로지르는 내용들을 통하여 종합적 사고를 배양할 시간을 가질 필요가 있다.

아울러 의학계열과 같은 전문분야를 제외한 모든 분야에서 학생들을 광역화하여 모집하는 방안을 적극적으로 고려해볼 필요가 있다. 아직 자신이 진정으로 추구하는 문제의식이 성숙하지 않은 상태에서 전공을 규정하여 학생을 선발하는 것은 학생들의 시야를 고정시켜 잠재력의 최대 발현을 저해할 가능성이 크다. 열린 마음으로 여러 미지의 영역을 좇아 자아를 찾으며 영역을 넘나들 수 있어야 열정과 창의성을 겸비한 인재를 양육할 수 있다. 하지만 안타깝게도 대부분의 교원들이 광역모집이 합리적이라고 생각함에도, 학과 중심주의적 사고 때문에 학과별 모집이 유지되고 있는 현실이다. 따라서 광역모집을 활성화하기 위해서는 교원이나 학과에 대한 지원이 학과 학생 수 등에 의하여 영향을 받지 않도록 제도를 정비할 필요가 있다.

광역 모집을 통하여 학생을 선발하고, 학부기초대학을 활성화하고자 하는 시도에 큰 걸림돌은 교양교육에 대한 회의론이다. 지금까지 교양교육에서 시대에 동떨어진 내용을 주입식으로 가르치는 내용이 주를 이루고 있었고, 그 결과 그 시간을 전공교육에 사용하는 것이 더 유익하다는 식의 교양교육 무용론이 생겨났다고 볼 수 있다. 따라서 우선 시대에 적합한 주제를 도전적으로 토론하는 내용으로 교양교육을 내실화하여 교양교육에 대한 인식을 바꾸는 것이 시급하다.

이와 관련된 또 다른 문제는 교양교육을 강화하는 것이 전공지식이 약화되는 결과를 낳게 된다든가 학문 후속세대 양성에 문제를 초래한다는 의식이 대학 내에 상당히 퍼져있다는 점이다. 이는 기존 교양교육의 부실 때문에 주로 발생하기는 하였지만, 그 자체로 교양교육을 내실화하는 데에 장애물이 될 뿐 아니라, 새로운 시대에 적합한 교육 모델 전체를 왜곡시킬 위험이 있다. 마치 학생들이 졸업 때까지 들어야 하는 졸업학점을 놓고 교양교육과 전공교육이 제로섬 게임을 하는 것과 같은 인식은 바람직하지 못하다. 이러한 인식의 배후에는 교육은 정보를 주입하는 것이라는 생각이 없지 않다. 하지만 특정한 주제에 대한 학문적 성숙도가 관련된 지식을 얼마나 알고 있는가에 비례하는 것으로 생각하게 되면, 전공 능력은 관련 주제에 투입되는 시간과 비례하는 것이 되고, 따라서 전공 내용과 직접 관련이 없는 교양교육이 시간 낭비로 인식되는 것이다.

이와 같은 편협한 지식관은 바람직하지 못하다. 앞에서 누차 설명한 바와 같이 지식이 창의적이어야 한다는 것이 강조되지 않은 적이 없지만, 21세기에 들어오면서 창의성은 지식의 핵심으로 자리잡고 있다. 토론을 통한 융합적이고 비판적 사고를 함양하고, 전공 진입자들이 자신의 열정을 바칠 수 있는 분야를 찾는 기반을 제공

하는 교양교육은 전공교육에서 필요한 창의성을 제공하는 역할을
한다. 비판적 사고를 다지지 않은 상황에서 전공에 진입하여 창의
적인 미래 동력으로 성장한다는 것은 상상하기 어렵다. 따라서 비
판적 사고를 키우는 교양교육은 전공교육과 시간을 다투는 적대적
경쟁자로 간주되어서는 안 되고, 전공을 위한 예비교육이자 조력자
로 인식되어야 한다.

다. 전공교육의 유연화

물론 교양과정 기간 동안 전공 과목을 수강하는 것을 막을 이유
는 없다. 이 기간에 학생들은 교양과정이 요구하는 기초적 과정을
이수하면서 자신의 관심을 추구하며 여러 전공을 탐색할 기회가
주어져야 한다. 교양과정에 해당하는 과정을 이수한 이후에도 학
생들이 자유롭게 여러 전공을 선택할 자유가 주어질 필요가 있다.
스스로 원하는 과목들을 수강함으로써 각 전공이 요구하는 조건
을 만족하면 그 전공으로 인증하는 형태가 바람직할 것이다.

이러한 제도가 활성화되기 위해서는 전공 이수를 위한 학점이 과
도하게 설정되어서는 곤란하다. 예컨대 현재 서울대는 많은 학과들
이 단일전공(심화전공)을 위해서는 60학점, 다전공을 위해서는 39학
점을 요구하고 있는데, 학부기초대학 기간에 다양한 학문분야를
체험하는 것을 가능하게 하려면 위와 같은 이수 규정은 대폭 하향

조정될 필요가 있다.

창의성의 한 축을 이루는 융합을 활성화하기 위해서는 새로운 관심 분야에 대한 진입장벽을 낮춰야 한다. 학생들의 관심 확대를 막는 가장 중요한 진입장벽은 학점 경쟁이다. 배경지식이 약하여 좋은 학점을 받지 못할 것이라는 두려움 때문에 새로이 생긴 관심 분야를 수강하기를 주저한다면 불행한 일이다. 융합을 통하여 창의성이 증진되는 분위기를 형성하기 위해서는 Pass/Fail로 수강할 수 있는 타전공 분야의 학점수를 대폭 확대할 필요가 있다.

라. 캠퍼스 환경

대학이 학원이 아니라면, 캠퍼스는 단순히 강의를 제공하기 위한 물리적 공간만은 아니다. 캠퍼스는 학생들이 역동적으로 교류하면서 새로운 사고방식을 배우고 서로 다른 의견을 조율하는 훈련을 제공하는 체험의 장이 되어야 한다. 이를 통하여 학생들은 창의성과 성숙한 시민성을 키워나갈 수 있다. 강의 외적인 캠퍼스 활동은 강의실 교육의 연장인 동시에 강의실에서 배운 것을 실천적으로 체화하는 현장의 역할을 하여야 한다. 그러나 코로나 팬데믹 이전부터도 대학의 캠퍼스는 활기를 잃고 있다. 학점을 취득하여 이른바 '스펙'을 늘리기 위한 장소로 기능할 뿐, 강의가 끝난 후에는 또 다른 '스펙'을 위하여 캠퍼스를 나서는 것이 일상화되어 있다.

대학 캠퍼스는 젊은 에너지를 발산하는 즐거운 공간이 되어야 하며, 즐거운 시간을 나누는 사이 서로의 시너지가 발현하는 곳이 되어야 한다. 이를 위해서는 무엇보다 캠퍼스가 머무르고 싶은 곳이 되어야 한다. 물리적으로는 정서적 안정감을 느낄 수 있는 공간들이 더욱 확대되어야 한다. 이를 위하여는 기능에 매몰된 사고방식을 탈피할 필요가 있다. 대학의 건물과 조경은 일을 수행하는 공간일 뿐 아니라, 구성원들의 정서와 심리에 큰 영향을 미치는 환경으로 그 자체로 안정감을 주는 방식으로 구성되어야 하며, 장기적으로는 작업의 효율성에도 영향을 미친다. 건물 내부와 외부의 환경, 그리고 캠퍼스 전체의 조경에 자원을 투자하는 것은 단지 시설에 대한 투자 이상으로 중요하다는 생각으로 캠퍼스 전체 구성을 다시 생각할 필요가 있다.

머무르고 싶은 공간으로 캠퍼스가 구성된 뒤에는 머무르며 함께할 수 있는 활동들이 준비되어 있어야 한다. 동아리를 활성화하는 것이 이를 위한 최선의 방법이라고 할 수 있다. 각 학생이 최소한 두 개 이상의 동아리에 참여하여 활동하는 것이 상식과 전통이 될 수 있게 동아리를 적극적으로 활성화시킬 필요가 있다. 다양한 동아리 활동의 참여가 시민성의 발달 및 창의성에 도움이 될 것임은 두말할 필요가 없다.

더 나아가 기숙대학을 구성하는 것도 적극적으로 고려할 필요가 있다. 모든 신입생들이 같은 공간에 모여 최소 일년의 시간을 보낼 수 있는 기숙대학은 그 자체로 다양한 문화적 활동을 위한 최적의 공간일 뿐 아니라, 동아리를 활성화하기 위한 교두보의 역할을 할 수 있다. 물론 풍부한 프로그램 구성과 세심한 운영을 위한 준비가 충분히 갖춰지는 것이 중요하다.

3. 명시적 교육과정과 잠재적 교육과정 관점에서 바라본 시민교육

가. 두 가지 교육과정

이 절에서는 시민교육의 관점에서 대학이 어떤 노력을 기울여야 할 것인지를 토론한다. 앞서 강조하였듯이 대학의 중요한 역할 중 하나는 공동체의 다른 구성원들과 호혜적인 관계를 맺으며 살아가는 시민을 양성하는 것이다. 그렇다면 학교에서 생애 주기의 매우 중요한 시간을 보내는 대학생들이 학교를 떠난 이후에도 우리 시대가 요청하는 시민성 내지는 시민적 역량을 갖춘 사회의 구성원으로 살아나갈 수 있게끔 하기 위해 대학이 할 수 있는 일에는 어떤 것이 있을까? 여기서는 대학이 제공하는 교육과정을 '명시적 교육과정'과 '잠재적 교육과정'으로 나누어 이 문제를 다루되 특히 잠재적 교육과정에 주목하고자 한다.[27]

앞서 시민성이 지식의 전달과 학습보다는 구체적인 사회적 관계

속에서의 상호작용을 통해 형성되고 변화한다는 점을 강조하였다. 이른바 '하면서 배우는'(learning by doing) 성격의 문제라는 것이다. 시민성의 이러한 특징은 시민교육의 형식과 내용에 중요한 함의를 갖는다. 여기서 유용한 것이 교육학에서 말하는 '잠재적 교육과정'(latent curriculum) 개념이다.

『교육학용어사전』은 잠재적 교육과정을 다음과 같이 정의한다. "학교의 물리적 조건, 지도 및 행정적 조직, 사회 및 심리적 상황을 통하여 학교에서는 의도하고 계획 세운 바 없으나 학교생활을 하는 동안에 은연중에 가지게 되는 경험." 다음과 같은 정의도 있다. "공개적으로 가르치거나 다루어지지 않았지만 수업 분위기, 학급 문화, 학교의 관행 등으로 학생이 은연중에 배우거나 경험한 것들".[28] '명시적'(manifest) 내지는 '공식적'(formal) 교육과정이 특정한 의도, 목적, 내용 등을 가지고 계획 및 운영되는 것들을 가리킨다면, 잠재적 교육과정은 학교생활을 통해 부지불식간에 배우게 되는 것

---

27 문용린·김지영은 '대학 민주시민교육'의 세 차원을 다음과 같이 제시한다. "첫째, 대학의 민주적 풍토를 형성하는 민주적 제도의 차원(democratic institution), 둘째, 전반적인 교육과정을 통해 이루어지는 시민성 교육의 차원(civic education), 셋째, 민주시민성을 발휘하고 체험할 수 있는 기회를 제공하는 지역사회 참여의 차원(community involvement)이다."(문용린·김지영. (2003). "국제비교를 통해 본 한국 대학의 민주시민교육", 『대학교육』. 124호. 75-87.)

28 김대석·성정민·김경성. (2020). 『잠재적 교육과정의 이론과 실제 : 아이들의 눈으로 본 학교와 교실 이야기』. 서울: 박영story.

들에 주목한다. 그래서 '숨은'(hidden) 교육과정 내지는 '비공식적'(informal) 교육과정으로 불리기도 한다.[29]

잠재적 교육과정을 구성하는 요소는 다양하다. 학교 규칙과 운영, 교수자와 학생의 상호작용, 행동규제, 관계규범, 평가제도, 상벌체계 등 학교생활 전반을 지배하는 관행과 문화 및 시설, 설비 등 물리적 환경까지 포함된다. 인권의 문제를 예로 들어보면, 관련된 주제로 개설된 강좌가 명시적 교육과정에 해당할 것이다. 한편 학생들이 인권 문제를 구체적으로 경험하는 여러 층위의 현실은 잠재적 교육과정을 구성한다. 예컨대 교수자가 보여주는 인권 감수성의 정도, 인권 침해가 발생했을 때 동료 및 학교 당국의 대응, 모두의 인권을 존중하는 시설과 설비가 갖춰져 있는지의 여부 등이 해당할 것이다. 인권과 관련된 학생들의 행위 규범 형성에 잠재적 교육과정이 큰 영향을 미치리라는 사실은 자명하다. 잠재적 교육과정을 통해 체화된 내용은 명시적인 교육 목적과 관계없이 습득된다는 점에서 비의도성을 가지지만, 지적 측면과 사회적 측면을 가로질러 상당한 지속성과 형성적 힘을 행사한다.

이와 관련된 교육학의 논의는 잠재적 교육과정이 사회화 기능을 통해 학생들이 기존의 사회구조를 부지불식간에 수용하도록 하고,

---

29 Jackson, P. W. (1968). *Life in Classrooms*. New York : Holt, Rinehart and Winston. 대표적인 국내 연구자는 김종서. (1987). 『잠재적 교육과정의 이론과 실제』. 서울: 교육과학사.

계급, 인종, 성별 등 주어진 사회, 경제, 정치 관계를 재생산하는 측면에 주목하기도 한다. 이런 측면에 대한 이론적 비판에 머무르지 말고 잠재적 교육과정이 가치관의 형성과 학습 효과에 긍정적인 영향을 미칠 수 있다는 점에 착안하여, 실제 교육에 적극적으로 활용해야 한다는 주장도 있다.[30] 이러한 교육학 내부의 논쟁에 깊이 관여하지 않더라도, 후자의 실용적인 관점에 주목하면서 대학의 시민교육에 잠재적 교육과정의 측면을 명시적으로 고려할 필요를 도출하는 데에는 무리가 없어 보인다. 아래에서 제시하는 시민교육의 방향성은 이미 정해진 지식이나 규범의 일방적인 전달이 아니라, 대학을 구성하는 다양한 구성원들의 상호 존중에 기반한 관계 맺기 및 그 환경에 초점을 맞춘다는 점에서 잠재적 교육과정에서 드러날 수 있는 보수적 편향 문제를 극복할 수 있다.

이상에서 잠재적 교육과정 개념을 비교적 상세히 소개한 것은 지금까지 특히 시민교육의 관점에서 이 문제가 충분히 주목받지 못했기 때문이지, 명시적 교육과정이 덜 중요하기 때문은 아니다. 명시적 교육과정이 여전히 대학교육의 중심에 있다는 사실에는 변함이 없다. 하지만 명시적 교육과정을 통해 성취하고자 하는 목표는 잠재적 교육과정이 적절히 뒷받침될 때에만 가능하다고 볼 수

---

30 예를 들어 다음 논문을 참고. 배지현. (2013). "잠재적 교육과정의 재개념화를 위한 잠재적 교육과정 이론에 대한 평가". 『교육과정연구』. 제31권 1호. 1-27.

있을 것이다. 아래에서는 먼저 명시적 교육과정의 관점에서 대학의 시민교육이 어떤 형태를 취할 수 있을지 짚어본다.

나. 명시적 교육과정을 통한 시민교육

명시적 교육과정에서 시민교육을 다루는 경우는 사실 그리 드물지 않다. 정치학, 사회학, 사회복지학, 교육학 등 여러 학문 분야에서 일반적으로 제공하는 다수의 교과목들이 넓은 의미에서 대학의 시민교육을 구성한다고 볼 수 있다. 예컨대 민주주의의 이론과 실천에 대한 과목, 헌법을 포함한 일반 공법에 해당하는 과목, 현대 사회의 구조와 변동에 대한 과목 등은 물론이고 사회교육과 윤리교육 관련 교과목의 상당수가 이에 해당할 수 있다. 여러 대학에 이미 자리 잡은 사회봉사 교과목도 물론 포함된다.

그러나 이처럼 동시다발적으로 제공되는 시민교육 교과목들의 수가 늘어난다고 해서 체계적이고 효과적인 시민교육 교과과정이 자연스럽게 구성된다고 보기는 어렵다. 뒤에서 언급할 사회봉사 교과목의 경우에도 지역사회와 긴밀하게 연계되지 못하거나 사회복지나 환경 등 일부 분야에만 집중되기 쉽다. 이와는 달리 미국과 유럽 등 해외의 여러 대학들은 시민교육 교과목을 대학 차원에서 개발하여 안정적으로 제공하고, 때로는 필수과목으로 지정하여 적극적으로 운영하고 있다.[31]

이처럼 시민교육을 다루는 교과목을 개발하여 공식적 교육과정에 적극적으로 반영한 국내의 대표적인 사례로는 경희대학교의 후마니타스 칼리지를 들 수 있다.[32] 경희대학교는 2011년 후마니타스 칼리지가 출범하면서 인문학 중핵과목인 '인간의 가치탐색'과 '우리가 사는 세계'에 더해 '시민교육' 과목을 기초교과로 지정하여 신입생 필수 교양 교과로 운영하고 있다.[33] 시민교육의 목표는 다음과 같이 설정하였다: 민주주의를 지탱하고 민주사회를 발전시킬 역량을 가진 합리적·비판적 시민 되기, 공동체적 삶을 유지하는 데 필요한 신뢰, 선의, 공감, 배려, 봉사, 유대의 덕목을 가진 따뜻한 이웃 되기, 한 나라의 시민임과 동시에 지구사회를 생각하는 '세계시민' 되기. 또 구체적인 교육 방법으로는 학습자 중심의 교육, 통합적 교육, 성찰적, 다원적 교육, 협력자, 촉진자로서의 교수 등의 원칙을 설정하였다. 이러한 목표를 달성하기 위해 한 강좌 수강생을 30명 정도로 제한할 뿐만 아니라, 소규모 모둠으로 나누어 학생들의 토론과 주도적인 활동을 중심으로 수업을 운영한다.

---

31 이동수 편. (2013). 『시민교육과 대학』. 고양: 인간사랑.

32 이화여대와 성균관대 등의 사례에 대한 간략한 소개를 위해서는 고재석·원용준·이천승. (2015). "대학인성교육, 어떻게 할 것인가?". 『한국교양교육학회 춘계국제학술대회 발표집』. 335-362.

33 채진원. (2013). "세계화시대 대학교육의 이념과 시민교육적 과제", 『인문사회과학연구』 제39집. 5-42; 이동수 편. (2017). 『한국 대학 시민교육의 매뉴얼 : 방법과 실제』. 고양: 인간사랑.

후마니타스 칼리지의 시민교육 과목은 크게 두 부분으로 구성된다. 하나는 시민과 시민권의 역사, 시민의 삶을 구성하는 정치, 경제, 문화적 조건 등에 관한 이론을 학습하고 토론하는 부분이다.[34] 다른 하나는 지역사회에서 이루어지는 실천교육인데, 특히 문제해결형 현장활동과 사회봉사를 강조하는 것이 이 과목의 중요한 특징이다. 학생들이 소규모 모둠을 구성해 스스로 주제를 정하고 직접 현장에서 몸으로 부딪히면서 배우고 실천하는 방식으로 진행된다. 학생들이 주도적으로 주제를 선정하기 때문에 다루어지는 내용도 매우 다양하다. 예컨대 선거참여 활동이나 의정 모니터링, 기업 감시, 소비자 권리 운동 등의 권력 감시 활동, 여성, 장애인, 아동, 노인, 성소수자, 이주민 등 사회적 소수자 권리 옹호 활동, 실태 조사와 현장 봉사를 포함하는 사회복지적 나눔 활동 등이 다양하게 시도된 바 있다.[35]

후마니타스 칼리지의 '시민교육' 교과목은 국내에서 유사한 사례를 찾기 어려운 중요한 시도이고, 그동안 작지 않은 성과를 거둔 것으로 보인다.[36] 그러나 원활한 운영을 위해 갖춰져야 할 조건이 만만치 않다는 점도 보여준다. 단적으로 전교생을 대상으로 동일한

34 후마니타스 칼리지 교양교육연구소. (2016). 『제2의 탄생』. 경희대학교 출판 문화원.

35 채진원. (2013).; 이동수 편. (2017). 33-38.

36 이동수 편. (2017). 140-155.

필수 교양 과목을 지정하는 것부터가 간단치 않은 문제이다. 이 경우 시민교육 관련 내용을 직간접적으로 다루고 있는 기존의 교과목들과 관계 설정을 어떻게 할 것인가의 문제도 따른다. 어떤 단위에서 주관하며 누가 가르칠 것인가의 문제도 섬세하게 접근해야 한다. 이 과목을 전담할 수 있는 충분한 교수진이 확보되고 현장 활동을 지원하는 시민활동가 및 사회단체들과의 네트워크도 확보되어야 할 것이다. 요컨대 시민교육 교과목이 안정적으로 운영되면서 소기의 성과를 거두기 위해서는 대학 차원에서 의지가 분명히 모이고, 상당한 인적, 물적 자원을 장기적인 안목을 가지고 투자해야 할 것이다. 이를 위해 경희대와 해외 대학들의 사례를 면밀히 분석하면서 논의를 시작해야 한다.

만약 경희대의 경우처럼 '시민교육' 한 과목으로 통합하지 않는다면, 한 가지 생각해볼 수 있는 대안은 기존의 시민교육 관련 교과목을 재편 내지는 재구조화하여 활용하는 방안이다. 앞서 말한 것처럼 현재 서울대를 비롯한 여러 대학에서 인문대, 사회대, 사범대 등 몇몇 단과대의 많은 학과에서 제공되는 교양 및 전공 교과목들 중 상당수는 시민교육과 직·간접적으로 관련되는 내용을 다루고 있다. 대학 차원에서 시민교육 관련 위원회가 구성되어 이 교과목들의 현황을 파악하고 필요에 따라 부분적으로 재편하여, 학생들로 하여금 본인의 관심사에 가장 부합하는 과목을 선택해 복수로 수강하도록 하는 방법을 생각해 볼 수 있다. 한발 더 나아가 몇몇 단과대가 협력하여 논쟁적인 사회적 현안과 개인과 공동체의 관계에 대한 문제를 다루는 교양 교과목을 새로 개발하여 추가로 제공하는 방법도 가능할 것이다.

　어느 방향이 되었건 이 교과목들은 내용 면에서뿐만 아니라 교수법에서도 변화가 필요하다. 한 학기 동안의 수강이 학생들의 시민적 역량 향상에 실질적인 도움을 주기 위해서는 이론에 대한 수동적인 학습에 머무르지 않고, 학생들의 적극적인 참여와 토론, 협력을 통한 배움과 문제해결의 방식을 적극 반영해야 한다. 주제와 여건이 허락하는 경우 학생들의 주도적인 설계와 공동작업을 중심으로 운영하는 것도 가능할 것이다.

　지역사회와 적극적으로 연계하는 방식도 중요하다. 삶의 현장에서 구체적인 문제를 발굴하고 이에 대한 해결책을 모색하는 경험이 필요하고, 이러한 과정을 통해 함께 살아가는 공동체 구성원으로서의 감각을 함양하는 자기 변화의 경험도 못지않게 소중하다. 또한 일방적으로 베푸는 시혜적인 활동이 아니라 공동체와 함께 성장하는 교육이 되도록 섬세하게 설계할 필요가 있다. 현재 서울대의 경우 '대학-사회 연계형 교과목', '사회공헌 교과목', '가치탐구와 실천 교과목' 등이 여럿 제공되는데, 각각의 운영 주체가 다르고 부분적으로 중복되기도 하는 문제가 있다. 체계적이고 안정적인 운영을 위한 대학 차원의 관심이 필요하다.

다. 잠재적 교육과정을 통한 시민교육

위에서 살펴본 잠재적 교육과정 개념은 대학의 시민교육과 관련해 중요한 함의를 가진다. 교과목 신설과 재편을 통한 명시적 교육과정의 접근은 물론 시민교육의 중요한 부분이지만, 그 효과가 증폭되고 지속성을 가지기 위해서는 잠재적 교육과정을 구성하는 여러 요소를 통해 좋은 환경을 조성해야 한다. 즉 명시적 교육과정과 잠재적 교육과정이 서로를 북돋는 유기적인 관계를 모색해야 하는 것이다.

대학에서의 시민교육을 잠재적 교육과정의 관점에서 볼 때 고려해야 할 내용은 크게 두 가지로 나눠볼 수 있다. 첫째는 '강의실 안'의 문제이다. 이와 관련해 가르치고 배우는 '내용'뿐만 아니라 그 '방식'과 '양상'에 대해 전향적으로 접근할 필요가 있다. 이 부분은 굳이 잠재적 교육과정 개념을 원용하지 않더라도 이미 상당히 널리 공유되고 있는 문제의식이기도 하다. 교수자가 학생들에게 일방적으로 지식과 정보를 제공하는 수업 방식을 탈피해야 한다는 관점은 이제 낯설지 않다. 학문 분야를 가로질러 일반적으로 적용될 수 있는 내용이고, 시민교육과 관련된 교과목도 예외가 아니다. 참여와 협업에 기반한 학생 주도적인 학습의 중요성에 대해서는 앞서 간단히 언급한 바 있다.

아래에서 주목하는 것은 말하자면 '강의실 밖'의 문제이다. 즉 명시적 교육과정의 환경 내지는 배경을 구성하는 대학의 생태와 관계 규범, 거버넌스 구조와 물리적 환경 등이 학생들의 시민성에 미치는 영향을 고려해야 한다는 것이다.

여기서 문제의 초점은 시민성 함양을 촉진할 수 있는 환경을 조성하고 규범을 형성하는 것이다. 큰 원칙은 강의실과 자치활동을 비롯해 학내의 논쟁적인 사안이 처리되는 방식에 이르기까지 캠퍼스 생활 전반에서 모든 구성원들의 존엄과 가치, 자유와 권리가 존중받는 환경을 조성하는 것이다. 이와 관련하여 대학 내에서 다양한 구성원들이 관계를 맺고 상호작용하는 방식에 준거로 작용할 수 있는 규범이 부재한 상황을 지적해야 한다. 최근 자주 불거지는 대학 내 괴롭힘과 인권 침해 사안들은 교육 공동체로서 대학의 정체성을 되돌아보게 한다. 특히 많은 경우에 교수자와 학생의 관계에 대한 전통적인 관념에 균열이 표면화되었지만, 새로운 관계 규범이 정립되지 못한 문제가 깔린 것으로 보인다.

한국 대학에서 전통적인 교수자-학생 관계는 교육자-피교육자의 이분법에 바탕을 두었다고 볼 수 있다. 이때 학생은 교육의 대상 내지는 수신자로 간주된다. 교수자의 교육은 반드시 교과 내용에 한정되지 않는다. 진로, 사회적 사안, 그리고 때로는 개인사에 이르기까지 조언, 지도, 전수하는 '선생'(先生)으로서의 넓은 역할은 역으로 학문적 권위에 더해 도덕적 권위와 예의, 존경에 대한 기대로 이어졌다. 명확한 역할 구분과 차이에 기반한 관계로서 일정 정도 위계질서를 내포하지 않을 수 없다. 그러나 이러한 전통적인 관계 양상은 지금 관찰되는 대학 구성원들의 상호작용을 있는 그대로 설명하지도 못하고, 더욱이 규범적인 방향성을 제시할 수도 없다.

교수의 직책 자체가 도덕적 권위를 수반한다는 생각은 많이 희석되었고, 학생들도 일방적인 수신자로서의 피교육자로 호명되는 것을 거부하는 모습이 분명하다. 우려되는 것은 대학 내 상호작용 규범과 관련하여 세대와 역할을 축으로 한 괴리가 뚜렷하다는 점이다.

이것은 궁극적으로 대학 내 다양한 구성원들 간 상호작용의 새로운 상을 찾아나가는 문제이다. 교육·연구 공동체로서 대학의 역할을 다하기 위해 매우 중요한 문제가 아닐 수 없다. 여기서는 그 지향을 '다르지만 평등함'(different but equal)이라는 표현으로 집약해 보고자 한다. 대학을 구성하는 주체는 학생, 교원, 직원 등으로 다양하고, 각각의 범주 안에서도 과정과 직위, 고용 형태 등에서 작지 않은 차이를 보인다. 이러한 분화는 자연스럽게 각자의 위치에 따른 역할의 차이로 연결된다. 그러나 지위와 역할의 차이가 불합리한 위계 혹은 차별로 이어지지 않는 것이 중요하다. 구성원 서로 간의 존중과 신뢰에 바탕을 둔 소통과 교류를 통해서만 진정한 학문의 발전과 창의적이고 헌신적인 인재의 양성이 가능하기 때문이다. 요컨대 관건은 지위에 따른 차이를 위계질서가 아닌 평등한 배움의 주체들 간의 상호 존중에 기반한 관계로 전환하는 것이다.

라. 시민교육을 위한 제도화 방안

시민교육을 염두에 두고 새로운 관계 규범을 정립하는 것은 넓은 의미의 문화적 변화를 요청하는 문제이다. 시간이 상당히 걸릴 것이고, 그 과정에서 진통이 없을 수 없다. 그러나 제도적으로 변화를 촉진할 방안이 없지는 않다. 몇 가지 층위에서 제도화 방안을 모색해본다.

첫째, 시민교육의 관점을 대학의 비전을 천명하는 공식 규범에 직·간접적으로 포함하는 방안을 적극적으로 고려해야 한다. 예컨대 서울대의 사명과 사회적 역할을 천명하는 현재의 정관은 "창의적이고 헌신적인 인재를 양성"하여 "국가의 발전에 기여하고 인류의 번영에 공헌"하고자 하는 목표를 제시하고 있다. 교육의 방향성에 대해서는 "탐구정신과 창의성을 함양하는 교육과 인재육성"을 강조하고 있고, 관련하여 "국립대학의 사회적 책무의 이행과 사회봉사"도 내세운다. 이처럼 창의성, 리더십, 봉사 등이 핵심적인 가치로 제시되는데, 이러한 비전은 개인의 수월성을 바탕으로 사회에 공헌하는 인재상에 기반하고 있다. 서울대의 역할에서 뺄 수 없는 부분이지만, 리더십뿐만 아니라 앞서 언급한 시민의 관점을 함께 강조하면서 균형을 찾는 방법을 모색할 필요가 있다. 즉 호혜적인 공동체를 함께 일구어 나가는 구성원으로서 좋은 시민을 양성하는 시민교육의 관점이 보완되어야 한다. 정관과 같은 상위 규범에 이러한 내용이 포함되더라도 구체적이고 즉각적인 효과가 없을 수도 있다. 하지만 교육·연구 공동체로서 대학이 지향하는 근본 가치를 천명하고 학교 운영의 방향성을 제시하는 준거 역할을 한다는 점에서 그 의미가 사소하지 않을 것이다.

둘째, 규범화의 문제를 더 구체적으로 고민하면서 이미 제안된 바 있는 '인권헌장'과 '대학원생 인권지침'의 제정을 적극적으로 고려해야 한다. 현재 서울대 또한 대학 구성원들의 차이와 다양성이 표면화되면서 그동안 비가시화되었던 부당한 차별과 배제, 위계와 억압의 관행이 노출되는 상황을 맞이하고 있다. 유사한 전환기적 국면을 겪었던 미국과 유럽 등 세계 대부분의 주요 대학들은 이미 인권헌장에 해당하는 공식 규범을 제정하여 집행하고 있다. 인권 규범의 제정은 서울대학교의 다양한 구성원들이 기본적으로 공유하는 권리와 의무의 틀을 확립하고, 이를 대학의 특수한 상황에 맞게 구체화하는 과정을 거친다. 이를 통해 학내 거버넌스 구조 내에 인권 보호를 위한 실질적 절차와 제도를 수립할 수 있는 기반을 마련하게 된다. 대학 내의 물리적 환경도 모두의 활동을 지원하고 촉진할 수 있는 방향으로 개선되어야 할 것이다. 이처럼 여러 층위의 규범 제정과 제도화를 통해 모든 구성원의 존엄성을 보장하고 상호 존중에 기반한 학문공동체 형성을 촉진할 수 있다. 이는 변화하는 시대에 걸맞은 리더십과 시민성을 함양하는 도덕 공동체뿐만 아니라, 자유롭고 창의적인 지적 공동체를 형성하고 유지하기 위해서도 반드시 필요한 과제라고 할 수 있다.

셋째, 대학 거버넌스에 학생 참여를 적극적으로 제도화하는 방안을 고려해야 한다. 그동안 학교 행정의 굵직한 방향성 설정은 물론이고 학생들이 직접적으로 관련된 갈등적인 사안의 처리에 있어서도 학생 참여가 충분치 못하거나 아예 봉쇄되어 있었다는 불만이 많았다. 학생들이 관여하는 경우에도 단순한 의견 청취나 사후적인 해명의 방식을 취하는 경우가 잦았다. 이러한 접근은 결정의 수용성을 떨어뜨려 때로 더 큰 갈등과 충돌을 불러온다는 점에서도 문제이지만, 학교 거버넌스에 참여하는 계기가 제공해주는 중요한 시민교육의 기회를 원천적으로 차단하고 있다는 점에서도 아쉽다.

물론 학내의 모든 사안을 논의하고 결정하는 과정에 학생들이 관여할 필요는 없다. 참여의 정도가 깊을수록 그 효과가 더 크다는 일반화도 성립하지 않는다. 하지만 학생들에게 중요한 영향을 미치는 교육과정, 캠퍼스 생활, 상벌 등의 사안에는 학생들의 알 권리를 충분히 보장하고 적극적으로 의견을 수렴하여 이를 제도적으로 반영하는 방안을 충분히 고안할 수 있다. 이러한 사안에 대해서 소통 채널을 정례화하고, 경우에 따라 숙의와 결정 과정에 학생들의 참여를 공식적으로 제도화하는 방식을 여러 갈래로 고민해볼 수 있을 것이다. 필요하다면 학생들의 의견을 대변할 수 있는 대표기구의 결성과 운영을 적극적으로 지원하는 방안도 고려할 수 있다.

이러한 시도가 소기의 성과를 거두려면 대학 행정을 직접 담당하는 주체들이 학내의 중요한 사안을 다루는 방식에도 변화가 필요하다. 갈등적인 사안에 대해 충분히 공론화하고 구성원들을 적극적으로 설득하며 책임 있게 해결해 나가는 거버넌스 구조의 확립과 리더십이 요청된다. 학생을 일방적인 가르침의 대상 혹은 행정적 결정의 수신자로 취급하는 관행은 위계질서와 비민주성을 내면화하는 악순환을 일으킬 수 있다는 점에서 극복되어야 한다.

넷째, 학생들의 자치활동을 북돋을 수 있는 방안을 마련해야 한다. 입시 준비에 몰두할 수밖에 없는 중, 고등학교 기간에 또래와 맺는 관계는 충분히 다면적이기 어렵다. 이에 반해 대학 생활 동안 동료들과의 교류는 학생들의 가치관과 태도 형성, 삶의 계획에 지대한 영향을 미친다. 졸업 이후 경쟁적인 사회 생활에 다시 내몰리기에 십상인 여건을 고려하면 몇 년간의 대학 생활은 수단적인 가치를 넘어서는 인간관계를 통해 성장할 수 있는 드문 기회를 제공해준다. 그러나 취업 내지는 진학 준비에 대한 부담이 점점 더 커지는 현실 속에서 동아리 활동이나 봉사 활동과 같은 비교과 활동 또한 크게 위축되어온 흐름이 분명하다. 여기에 수년 동안 계속되고 있는 팬데믹이 이미 취약해진 학생 사회에 더 큰 타격을 주고 있다. 함께 일상을 공유하고 즐기며 공감과 유대를 배우는 학생 공동체의 복원을 위해 대학이 어떤 일을 할 수 있을지 더 적극적으로 고민해야 한다.

4. 열린 캠퍼스를 통한 리더십 함양

앞서 우리는 미래대학의 자화상으로 '열린 대학'을 그리고 대학 혁신의 주요 과제로 리더십 교육의 중요성을 말하였다. 사실 이 두 가지는 서로 긴밀히 연관된 것으로, 여기서는 열린 대학이 리더십

교육의 중요한 방법이 될 수 있음을 설명하고자 한다.

가. 열린 캠퍼스 교과목을 통한 리더 교육 - 캠퍼스 밖으로

현재 대학의 총 이수학점 대부분은 전공을 이수하거나 전공을 위한 기초 과목이며, 그 중 대다수의 교육은 학내에서 수행된다. 그중에서 리더 교육, 특히 열린 캠퍼스를 통한 리더 교육에 모범사례가 될 만한 과목을 서울대의 경우를 통해 알아본다.

〈사회봉사〉 교과목은 주변 이웃에 관심을 가지고, 더불어 살아가는 공동체 의식을 함양하며, 사회적 책임을 실천하는 따뜻한 리더를 양성하자는 취지에서 2006년에 서울대에서 개설된 과목이다. 이 과목에서는 노인, 청소년, 장애인 등 사회에서 소외된 이들을 도와주는 봉사 기관들을 학생들이 방문하여 수행하는 총 26시간의 봉사활동을 바탕으로 학점이 부여된다. 또한 봉사활동과 더불어 사전 교육과 사후 평가회 등을 통해 봉사활동의 의미에 대해서 교육을 받고, 각자의 경험을 공유하고 평가받게 된다. 이 과목은 서울지역의 봉사기관과 협력하여 진행된다. 협력 기관은 '시립 OOO 청소년 수련관', 'OO지역 청소년문화센터', 'OO지역 아동복지센터', 'OOO 사회복지관' 등 주로 소외된 청소년, 노인, 장애인 등을 도와주는 사회복지기관으로 구성된다. 가장 널리 행해지는 봉사활동은 청소년의 교육을 도와주는 '교육봉사' 또는 '멘토링', 봉사기관의 교육자료, 도시락 배달 등을 도와주는 '기관봉사', 장애인의 활동을 도와주는 '장애인 봉사', 그리고 '해외사회공헌활동' 등이 있다. 지난 15년간 약 17,000여 명 이상의 학생이 수강한 것으로 추산되어 수강생이 연평균 1,100명 이상으로, 서울대 졸업생의 30% 정도가 해당 과목을 수강했을 것이라 추정된다.

통상적인 과목과 사회봉사 과목의 가장 큰 차이점은 교육이 캠퍼스 '안'이 아니라 '밖'에서 진행된다는 것이며, 사회에서의 체험활동과 그 과정에서의 성찰을 통해 학생들의 성장을 도모한다는 사실이다. 교외에서의 봉사활동을 통해 학생들은 실제로 어려운 위치에 놓인 이웃이 여전히 다수 존재함을 직접 체험하게 된다. 특히 서울대의 경우 입학생 부모의 경제적 지위가 상대적으로 높아지고, 이에 따라 사회적 공감 능력이 떨어질 수도 있는 상황에 비추어 중요한 기회라고 할 수 있다. 학생들은 캠퍼스 밖에서의 사회봉사 활동을 통해 일종의 사회체험 인턴을 하게 되는 셈이다. 또한 장애, 사회적 양극화, 교육기회의 불균형 등 우리 사회의 구조적 문제점을 몸소 겪으며 학생들이 당면한 취업, 전공 공부, 인간관계 등의 어려움을 보다 보편적이며 극복 가능한 문제로 인식하게 된다. 이와 같은 과정을 통해 누군가를 도와주기 위해 시작한 사회봉사 활동이 오히려 스스로의 인격적 성장에 도움이 되었다고 말하는 학생들을 자주 볼 수 있다.

또한 아프리카, 동남아시아 등에서의 해외 봉사활동은 학생들이 우리가 누리고 있는 모든 혜택이 당연한 것이 아니라 오랜 사회적 노력의 산물이라는 것을 인식하게 해주어 사회적 존재로서의 역사 의식을 갖추게 해준다. "만약 내가 아프리카의 저소득 국가에서 태어났더라면 4년간의 대학 재학 후에 얻게 되는 전문지식의 폭과 깊이는 차이가 날 것이 아닌가?"라는 인식을 자연스레 갖는 것이다. 교사, 시설 등 열악한 학교 인프라를 접한 학생들은 우리나라 대학에서의 교육에 감사하는 마음을 갖게 되며, 대학졸업자로서의 나의 지식이 개인의 노력뿐 아니라 사회적 혜택의 결과라는 사회적 의미를 체득하게 된다.

이런 측면에서 대학에서의 사회공헌활동은 기업이나 지역사회에서 진행되는 사회공헌활동과 달리 학생들의 리더 교육이라는 명확한 목표 설정 하에 진행이 되어야 할 것이다. 주어진 재화를 두고 어떤 식으로 활용하는 것이 가장 효과적이고 사회적인 기여가 될 것인지의 문제는 사회공헌의 중요한 화두이다.[37] 해외 봉사활동에 드는 항공료, 숙박비 등을 고려하면 학생들의 해외 방문보다 오히려 해당 지역에 현금을 지원하는 것이 더 직접적인 도움이 될 수도 있다. 하지만 대학에서의 해외 봉사활동은 금전으로 환산할 수 없는 리더 교육 효과가 매우 크다. 지역사회나 외국에 직접 도움을 주는 의미에 더해, 학생들이 가슴 깊이 느낀 교훈과 교육의 효과 자체가 국내외 사회봉사 활동의 목적이 될 것이다.

사회봉사를 마친 학생들의 소감 중 일부를 발췌하면 다음과 같다.

---

37 윌리엄 맥어스킬. (2017). 『냉정한 이타주의자』. 전미영 옮김. 서울: 부키.

'나는 왜 이렇게 힘들지?' 하는 생각에서 '세상살이가 다 이렇게 저렇게 힘들구나.'로 바뀌면서 어깨에 힘을 좀 빼는 여유를 가지게 되었다. 그래서 앞으로도 주변을 좀 돌아보고 발맞추며 살아가는 법을 궁리해 볼 생각이다. 많은 학우분들이 사회봉사 교과목을 수강하여서 사회공헌이 거창하거나 어려울 것이라는 통념을 버렸으면 좋겠고, 주변의 사회 문제에 관심을 갖고 알리는 것과 같은 나의 작은 변화가 사회공헌의 첫걸음이 될 수 있다는 사실을 알게 되었으면 한다.

제가 한 일이 '사회 공헌'이라는 다소 벅찬 말에 포함되어도 되는지 잘 모르겠지만, 누군가를 도와주는 일은 먼저 나를 잘 챙길 수 있어야 가능하다는 생각이 들었습니다.

사회봉사 교과목을 수강하면서 깨달은 점은 제가 관심을 가지지 않으면 주변을 볼 수 없다는 것입니다. (장애인을 위한) 전자도서 제작은 저에게 타인의 관점에서 세상을 바라보는 계기가 되었습니다.

사회봉사 교과목을 통해 공동체 안에서 제가 가진 역할에 대해 다시 한번 생각해볼 수 있었고, 이처럼 제가 가진 역량을 공동체를 위해 가치 있게 사용하는 것의 보람을 다시금 깨달을 수 있었습니다. 또한 수업 회차가 거듭될수록 아이가 저에게 마음을 열고, 아이의 학업 성취도 조금씩 향상되는 것을 보며 매우 뿌듯했던 기억이 납니다.

위의 소감은 주변의 이웃을 돕는 활동이 매우 유력한 리더 교육의 도구가 되고 있음을 보여준다. 전공 수업 중간중간 교수자가 전해주는 사회적 책임감에 관한 언급은 경우에 따라서 당연한 잔소리 정도로 치부되기 쉽다. 하지만 체험활동을 통해 수업에서 체득된 경험은 학생들에게 강렬한 메시지를 남겨 교육적 효과가 크다. 아직도 원하는 교육을 받지 못하는 이웃이 우리나라에 많고, 깨끗한 수돗물을 먹는 것이 일상이 아닌 나라가 많다는 사실을 캠퍼스 안에서 책으로만 배운다면 머리에만 남을 것이나, 캠퍼스 밖에서 직접 체험할 때는 학생들의 가슴에 살아 있는 교훈으로 새겨진다는 사실에 주목할 필요가 있다.

〈그림 3〉 학생들의 국내외 봉사활동. 온라인을 통한 저소득 아동 멘토링(좌),
아프리카 탄자니아에서의 과학봉사 활동(우)

서울대에서 시도된 또 다른 의미 있는 열린 교육의 시도는 〈사회공헌형 교과목〉이다. 이 과목은 제한된 의미의 캠퍼스 중심 교육을 탈피하여 전공이론과 취약계층을 위한 사회공헌 실천을 결합한 과목이다. 그 기본 방향은 '선한 인재' 육성을 위한 사회적 책무성을 내면화할 수 있는 현장 실습을 전공 수업에서 실천하는 것이다. 즉 교과목에서 제공하는 전문적인 지식, 기술 및 봉사 정신을 지역사회와 함께 나누고, 학생들이 수업에서 배운 내용을 지역사회에 스스로 적용하는 기회를 제공하는 것이다. 이는 경험을 통해 배우는 교육으로 지역사회 봉사와 수업을 결합하는 '서비스 러닝'(service-learning)의 일환이다. 서울대의 경우 2015년에 시작된 이 교과목은 지난 7년간 200여 개가 개설되어 교육/상담, 보건의료, 적정기술, 문화예술 및 체육, 지역사회 활동, 환경, 정책/인식개선 등 여러 분야에 걸친 영역을 교과목 내용으로 다루고 있다.

한편 2015년에 시작된 서울대 공과대학 기계공학부의 〈제조고려설계〉는 대표적인 사회공헌형 교과목으로 개발도상국/저개발국의 국민들과 우리나라의 노인, 장애인 등 소외된 사람들을 위한 창의적이고 지속가능한 제품 개발에 제조고려설계를 적용하는 것이 강의의 목적이다.[38] 수업을 통해 수강생들은 우리 사회에 꼭 필요한 일을 먼저 생각하게 되고, 경제적 이유 때문에 소외된 제품과 기술에 관심을 기울일 수 있게 된다. 이러한 기술개발은 '부품' 중심의 사고에 익숙한一다른 말로는 주어진 문제를 푸는 데 익숙한一공학교육을 탈피하고 우리 사회에 꼭 필요한 제품이 무엇인지를 탐구하는 '전체' 중심의 사고一즉 문제를 정의하는 사고一로의 전환

---

38 서울대학교 글로벌사회공헌단 홈페이지. https://snusr.snu.ac.kr/.

을 가능케 한다. 제조고려설계 과목에서 도출된 아이디어와 기술의 예는 아래와 같다.

- 개발도상국에서의 백신 보급률 증가를 위한 백신 캐리어 제작

- 시각장애인 및 신체가 불편한 사람들을 위한 화장 도움 프로그램 개발

- 무더위 야외 근로자를 위한 냉각조끼 구상

- 척추측만증 환자를 위한 지능적 허리 교정기 개발

- 탄자니아 지역의 백신 공급을 위한 쿨링 시스템 개발

- 전동기구를 이용한 손목 재활기구의 개발

이 중 백신캐리어는 창의적 제품의 대표작이라고 할 만하다. 낙후된 지역은 교통인프라가 부족하고, 백신 운반용 전문차량이 부족할 뿐 아니라, 기온의 편차가 커서 적정온도 유지가 핵심인 백신의 보존 및 운반에 큰 어려움을 겪고 있다. 백신캐리어는 이에 착안하여 적정온도를 유지하는 냉장고를 운반하기 편리하게 만든 제품이다. 교과목에서 시작된 이 아이디어는 지속적인 보완을 통해 냉장 보관을 위해 오토바이의 발전기와 배터리를 전원으로 이용하여 제품의 크기를 줄였고, 산악지역 등 차량이 진입하기 어려운 곳에도 오토바이로 손쉽게 운반할 수 있게 되었다. 이러한 기술은 개발도상국의 백신 접종률 상승과 영아사망율 저하에 기여할 수 있다. 이 제품은 실제로 탄자니아, 네팔 등의 국가에 보급이 되고 있다.

〈그림 4〉 낙후된 지역에 적정온도를 유지하며 백신을 운반해 주는 백신캐리어. 대형전문차량 만으로 가능했던 백신운반을 소규모로 오토바이로도 가능하게 만들었다.

이외에도 음악대학 학생들의 지역사회 및 병원에서의 연주 사회 공헌, 미술대학 학생들의 도시공간 디자인, 공과대학 학생들의 장애인 보조기구 개발 등 다양한 활동이 〈사회공헌형 교과목〉의 일환으로 시행되었다.

최근 지속된 팬데믹은 사회공헌 프로그램에도 큰 장벽으로 다가왔다. 앞에서 언급한 대다수 기존의 사회공헌 프로그램들이 대면 접촉 제한 등의 이유로 불가능해졌다는 점을 생각한다면 비대면으로 가능한 봉사활동을 적극적으로 고려해봐야 할 것이다. 예를 들면 스탠퍼드대학의 'Statistics for Social Good'은 데이터 분석을 통해 다양한 사회 문제의 해결을 목표로 하는 사회공헌 프로그램으로, 학교 전체에서 다양한 전공의 교수와 학생들이 참여하고 있다.

이 수업에서는 다음과 같은 다양한 프로젝트를 수행하였다.[39]

— 스탠퍼드대학 출퇴근 때 환경친화적이며 지속가능한 교통수단 인센티
  브 프로그램 개발
— 자선기관들에 대한 온라인 피드백 분석
— 암환자 완화치료에서의 불평등에 관한 분석
— 베이징 거주 학생들의 자살위험 프로파일 작성

이 중 첫 번째 프로젝트를 구체적으로 설명하자면, 환경친화적 통근 수단을 장려하기 위해 대중교통, 카풀, 자전거, 학교 셔틀버스 이용을 독려하는 인센티브 시스템을 만든 것이다. 이를 위해 통근 학생과 직원을 대상으로 설문조사를 한 후 그 결과와 주소를 고려해서 출퇴근 방식에 따라 학교 주변 지역을 6개의 지역으로 분류를 한 후, 각 지역 거주자들의 특징을 고려한 지역별 인센티브 프로그램에 대한 가이드라인을 제시하였다.

서울대의 경우 데이터 분석을 통한 다양한 교내문제 해결과 인접 지역사회(관악구, 시흥시, 평창군)의 사회 문제를 해결하는 방안을 사회공헌의 수단으로 고려해 볼 수 있을 것이다. 이러한 공헌활동의 경우 기존의 대면중심 공헌활동에 소극적인 학생들에게 문호를

---

39 Stanford University. "Statistics for Social Good". https://stats-for-good.stanford.edu/project-spotlights.

개방할 수 있는 좋은 기회가 될 수 있다.

나. 열린 캠퍼스를 통한 아웃리치 활동 - 캠퍼스 안으로

이제 열린 캠퍼스를 위한 아웃리치 활동을 과학기술 분야를 중심으로 살펴보자. 서울대 공대의 대표적인 아웃리치 활동인 '청소년 공학 프론티어 캠프'는 2006년에 시작되어 고교생을 대상으로 실험실 체험, 공학 특강, 재학생들과의 교류 등의 기회를 제공한다. 이 캠프는 공과대학의 다양한 전공을 접하게 함으로써 특히 예비 공학도의 꿈을 키우는 데 초점을 맞추어 진행된다. 서울대 자연대의 경우 자연과학 공개강연, 자연과학 체험캠프, 토요과학 공개강좌 등 다양한 과학 나눔 프로그램을 진행하고 있다. 특히 2007년에 시작된 서울대 자연대 학생회의 여름 과학봉사는 과학교육 여건이 열악한 농어촌 지역 초중고교생을 대상으로 과학교실 실험캠프와 대학진학 멘토링을 진행하는 행사로 학생들이 주도하는 나눔 프로그램이다.[40]

---

40 서울대학교 자연과학대학 홈페이지. https://science.snu.ac.kr/.

〈그림 5〉 서울대 공과대학 프런티어 캠프 (위, 2019년),[41]
고교생들의 연구실 방문(아래, 2018년)

---

41 서울대학교 공과대학 홈페이지. https://eng.snu.ac.kr/.

〈 그림 6〉 서울대 자연과학 공개강연 전경[42]

　해외사례를 들자면, 독일 베를린 및 포츠담 지역에서 개최되는 과학의 밤 행사를 꼽을 수 있다.[43] 매년 6월 하지 즈음에 개최되는 이 행사는 약 70여 개 대학 및 기업 연구소가 매년 연구시설을 동시에 대중에게 개방하는 행사로, 약 30,000여 명이 참여한다. 통상 오후 5시에서 자정까지 하루 남짓 개최되는 이 행사를 통해 과학기술이 우리의 삶과 밀접한 관련이 있음을 청소년과 대중들이 몸

42　서울대학교 자연과학대학. https://science.snu.ac.kr/share/outreach/open-lecture/archive?sc=y.

43　Long Night of Science(Lange Nacht der Wissenschaften), https://www.berlin.de/en/events/2096550-2842498-long-night-of-the-sciences.en.html.

소 느끼게 되는 것이다. 과학기술자 또한 정기적인 대중과의 소통을 통해 연구를 홍보하고, 본인 연구의 사회적 의미와 기여에 대해서 다시 한번 생각하게 된다. 이와 같은 개방이 대중들과 과학기술자와의 신뢰 형성에 큰 기여를 함은 두말할 나위가 없다. 캠퍼스의 개방, 즉 열린 대학이 대학과 우리 사회의 신뢰 형성의 열쇠가 될 수 있는 것이다.

〈 그림 7〉 독일 베를린/포츠담 지역에서의 과학의 밤 행사

5. 데이터 리터러시란?

가. 데이터 기반 교육과 디지털 리터러시

《뉴욕타임즈》 하루치 신문에 실린 정보의 양이 17세기 영국의 평범한 사람이 일생 소비하는 정보의 양과 비슷하다는 사실을 알게 된다면, 우리가 현재 정보의 홍수 시대에 살고 있다는 사실을 쉽게 깨닫게 된다. 특히 세계보건기구는 지금과 같은 팬데믹 시대에 쏟아지는 무분별한 잘못된 정보를 인포데믹(infodemic)이라는 용어로 정의하였는데, 최근 우리 사회에 쏟아지고 있는 무분별한 백신 유해론 논란에 관한 언론 보도를 생각한다며 자연스럽게 고개가 끄덕여지는 대목이다. 그렇다면 인공지능으로 대표되는 4차 산업혁명에서 대학의 교육이 어떤 모습을 띠어야 할까? '건초더미에서 바늘 찾기'라는 표현처럼 정보의 바다에서 정확하고 유용한 정보를 습득하여 이해하는 것이 교육의 중요한 한 축으로 자리 잡아야 할 것이다.

이러한 추세에 맞추어 2016년 예일대 총장 피터 셀러비(Peter Salovey)는 "Data Intensive Social Science"를 대학의 가장 우선적인 학문 과제 중 하나로 선정하여 대학 차원의 위원회를 구성한 후, 데이터 기반 교육을 중심으로 한 학부 커리큘럼의 변화와 학제간 연구 등에 관한 논의를 시작하게 된다. 이 위원회의 최종보고서는

2020년에 발간되는데, 이러한 변화를 수용할 수 있는 대학 교육과정, 연구환경, 그리고 학교 조직의 개혁을 요구하였다. 이 중 교육에 관한 내용은 아래 세 가지 주제로 요약할 수 있다.

— 데이터 기반 교육의 상징적 교과목 개설

— 데이터 기반 교과목 확충

— 다학제간 연구를 위한 데이터 사이언스 교과목 개발

첫 번째 내용은 다양한 전공의 학생들이 접근할 수 있는 디지털 문해력에 관한 교과목 신설로, 나머지 두 가지 내용은 인공지능과 데이터 사이언스 교육에 관한 내용으로 고려해 볼 수 있다. 그렇다면 디지털 문해력이란 무엇인가?

디지털 문해력은 다양한 인터넷 플랫폼을 활용해 정보를 수집, 분석, 공유하는 능력을 의미한다.[44] 2015년 세계경제포럼에서는 기존 교육과정의 세 가지 핵심축이었던 수리능력, 문해능력, 과학지식에 덧붙여 디지털 문해력을 4차 산업혁명 시대에 필요한 교육역량으로 지목하였다. 최근 우리 사회를 뜨겁게 달구었던 다음과 같은 몇 가지 이슈를 살펴보면 디지털 문해력의 중요성을 쉽게 인지할 수 있다.

44　ALA Literacy Clearinghouse. "Digital Literacy". https://literacy.ala.org/digital-literacy/.

— 선거부정 논란의 진실은 무엇인가?

— 코로나 바이러스 백신은 정말로 위험한 것일까? 연령대별로 접종 여부

에 관한 기준은 어떻게 제시되는가?

— 여론조사 결과는 왜 조사기관마다 차이가 많은 것일까?

— 개인정보보호는 어떻게 이루어지고 있는가?

그렇다면 디지털 문해력을 어떻게 대학교육에 포함할 수 있을까? 워싱턴 대학(University of Washington)의 생물학자 칼 버그스트롬(Karl Bergstrom)과 정보학자인 예빈 웨스트(Jevin D. West)는 이러한 문제를 고민한 끝에 2017년 〈Calling Bullshit: Data Reasoning in a Digital World〉라는 도발적인 제목의 교과목을 개설하게 된다. 〈Calling Bullshit〉은 워싱턴 대학에서 가장 인기 있는 강좌의 하나로 자리 잡았으며, 그 성과는 워싱턴포스트, 포브스, 뉴요커 등 주요 언론에 소개되고 여러 대학에서 강의내용을 공유해달라는 요청을 받게 된다. 이러한 기대에 부응하기 위해 저자들은 웹사이트[45]를 통해 강의 녹화 영상과 수업에 관련된 다양한 내용을 제공하고 있고 강의내용을 동명의 책으로 2021년에 출간했다.

〈Calling Bullshit〉에서 소개하고 있는 주요 내용 중 하나는 상관관계와 인과관계의 차이이다. 저자들은 이 차이를 설명하기 위해

---

45 Calling Bullshit. https://www.callingbullshit.org.

'Spurious Correlation'[46]이라는 웹사이트에 실린 여러 가지 재미있는 예제들을 인용하고 있다. 예를 들면 메인(Maine)주의 이혼율과 1인당 마가린 소비량의 상관관계는 0.99로 놀라울 정도로 높지만, 사실 둘 사이에 인과관계는 존재하지 않는다는 것은 자명한 사실이다. 하지만 실생활에서는 의외로 인과관계와 상관관계를 차이를 분별하지 못하는 경우가 많다. 예를 들면 한국에서만 통용되는 "밤에 선풍기를 틀고 자면 죽는다"라는 괴담이 있다. 혈액형 성격과 더불어 대표적인 한국형 괴담인데, 왜 이런 괴담이 생겼는지는 알 수 없지만, 여름철 한밤중에 심장마비나 뇌졸중으로 병원 응급실에 오는 사람 중 집에서 선풍기를 틀고 잤냐고 물어본다면 많은 사람들이 그렇다고 대답할 것이다. 하지만 선풍기 바람이 뇌졸중이나 심장마비를 유발했다는 것은 터무니없는 이야기다. 흡연이 폐암을 유발한다는 것은 이미 검증된 인과관계이지만, 이 인과관계의 증명은 장기간 축적된 연구의 결과물이다. 즉 인과관계를 증명하는 것은 쉬운 일이 아니다. 상관관계를 인과관계로 오인하는 순간 무더운 여름밤에 선풍기는 반드시 꺼야 하고, 메인주의 이혼율을 낮추기 위해 마가린 소비량을 줄여야 할 것이다. 최근 여러 미디어에서 앞다투어 보도한 바 있는 백신 유해론에 관한 기사도 사실 선풍기 괴담 수준에서 벗어나지 못하고 있다.

또 다른 예시로 몇 년 전 세계보건기구가 가공육을 1급 발암물

---

46 Tylervigen.com. "Spurious Correlations". https://www.tylervigen.com.

질로 분류한 후 생긴 논쟁을 생각해보자. 한국 평균 소비량의 10배 정도를 섭취하는 사람들에게 한해서 암 발생의 위험이 높아진다는 것을 알게 된다면 대부분의 사람들에게 가공육을 기피할 이유는 사라지게 된다. 마찬가지로 코로나 백신의 혈전증 발생 가능성보다 경구 피임약의 혈전증 발생 가능성이 현저히 높다는 것을 알게 된다면 경구 피임약을 먼저 판매 금지해야 할 것이다. 디지털 문해력의 교육 목표는 이러한 다양한 이슈에 대해 데이터를 기반으로 합리적인 의사결정을 할 수 있는 능력을 배양하는 것이다.

요컨대 다양한 미디어의 등장으로 인한 정보의 홍수에서 살아남기 위해서는 전통적인 대학 교양교육의 변화가 필요하며, 디지털 문해력은 이러한 변화의 중심에 한 축으로 자리 잡아야 한다. 그렇다면 4차산업 시대 교육의 또 다른 화두로 떠오르고 있는 인공지능은 대학교육에 어떻게 반영해야 할까?

나. 인공지능, 넌 도대체 뭐니?

한국에서 인공지능이라는 말을 하는 순간 연상되는 첫 번째 단어는 아마도 '알파고'일 것이다. 2017년 이세돌 기사와의 대국에서 예상을 깨고 4승 1패로 완승하면서 인공지능이라는 용어가 우리의 일상 깊숙이 자리 잡기 시작했다.

인공지능은 일반적으로 '약인공지능'과 '강인공지능'으로 구별할 수 있다. 우리가 〈터미네이터〉와 같은 공상과학 영화에서 볼 수 있는 인공지능이 강인공지능의 대표적인 예인데, 인간과 같이 사고하며 자아를 가진 존재를 떠올릴 수 있다. 대부분의 사람들은 인공지능이라는 용어를 들으면 강인공지능을 떠올리지만, 실제 강인공지능은 아직까지 구현되지 못하고 있다. 반면 약인공지능은 데이터를 기반으로 주어진 특정한 문제를 해결하는 도구로 생각할 수 있으며, 알파고도 실제로 약인공지능의 사례이다. 따라서 인공지능에 관한 교육은 데이터 기반 교육의 연장선상에서 생각할 수 있다.

인공지능에 대한 본격적인 투자에 나선 대표적인 대학 중 하나인 MIT는 2018년 1조 원 이상을 투입해 인공지능 교육을 위한 새로운 단과대학인 College of Computing을 설립한다고 발표하였다. MIT의 기존의 단과대학들은 'School'이라는 명칭을 사용하는 데 반해 이 경우 'College'라는 이름을 사용하여 차별을 두었고, 50명의 신규채용 중 교수 절반을 타 단과대학과 겸임교수로 임명하여 학제간 연구와 대학 전체의 인공지능 관련 교육을 담당하도록 하였다.

하지만 실제 미국의 주요 대학에서 인공지능 관련 교육은 컴퓨터 과학의 특정 전공 분야 교육을 지칭하는 경우가 많으며, 학교 전체 대상의 교육에는 데이터 사이언스라는 용어를 더 많이 사용하고 있다. 실제로 인공지능 분야의 석학인 마이클 조던(Michael Jordan) 교수와 탐 미첼(Tom Mitchell) 교수는 기고문을 통해 약인공지능과 데이터 사이언스의 실질적인 차이는 거의 없다고 지적한 바

있다.[47]

데이터 사이언스 교육을 본격적으로 학부에 도입한 대표적인 학교로는 버클리 대학(University of California Berkeley)을 들 수 있다. 버클리 대학의 경우 정보대학원, 통계학과, 전기컴퓨터공학과가 주축이 된 Division of Computing, Data Science, and Society라는 별도의 조직을 통하여 학부 데이터 사이언스 교육을 담당하게 하고 있다. 버클리 대학의 데이터 사이언스 교육은 두 가지 특징이 있는데, 입문교과목인 〈Data 8: The Foundation of Data Science〉와 학제간 교육을 강조하는 〈Connector〉 과목들이다. 〈Data 8〉의 경우 개설 첫 학기인 2015년에는 수강생이 약 100여 명 남짓이었지만 2021년에는 70개 전공 1350명이 수강하는 과목으로 발전하였다. 이 과목을 이수한 후 학생들이 다양한 전공에서 학제간 연구를 할 수 있도록 해당 학문 분야에서 제공하는 과목이 바로 〈Connector〉 과목들로, 도시공학, 유전학, 언론정보학, 역사학, 언어학, 인구학, 생태학 등 다양한 분야에서 교과목들이 제공되고 있다.

버클리 대학의 데이터 사이언스 프로그램은 매우 성공적인 사례로 손꼽히고 있으며, 이후 예일대와 코넬대 등 미국의 유수 대학에서 〈Data 8〉과 〈Connector〉 과목들을 제공하는 데이터 사이언스 프로그램을 만들게 된다.

---

47 Jordan, M. I., & Mitchell, T. M. (2015). "Machine Learning: Trends, Perspectives, and Prospects." *Science*. 349(6245). 255-260.

상대적으로 새로운 분야인 데이터 사이언스의 학부 교육에 관한 가이드라인을 만들기 위해 미 한림원에서는 2018년 "Data Science for Undergraduates: Opportunities and Options"라는 보고서를 발간하게 된다. 이 보고서에서는 데이터 사이언스 분야의 교육 중 기존의 통계학, 혹은 컴퓨터 공학 분야에서 차별화되는 영역으로 의사소통능력과 데이터 윤리를 제시하고 있다. 실제로 버클리 대학의 데이터 사이언스 커리큘럼의 핵심과목 4개 중 하나인 〈Data 104: Human Context and Ethics of Data〉에서는 데이터와 관련된 여러 윤리문제를 다루고 있으며, 의사소통능력의 경우 캡스톤 프로젝트 등을 통하여 강조하고 있다.[48]

이러한 데이터 사이언스 교육의 붐은 MOOC와 같은 온라인 교육에서 마이크로 디그리 등의 자격인증 프로그램으로 이어지게 된다. MOOC 플랫폼들에서 대표적인 데이터 사이언스 프로그램으로 코세라의 존스 홉킨스대학의 데이터 사이언스 과정과 에드엑스의 하버드 데이터 사이언스 과정을 꼽을 수 있다. 이러한 자격인증 프로그램의 경우 기존의 복수전공이나 부전공과 달리 9~12학점에 해당하는 과목을 이수할 경우 자격증을 부여하는 제도로, 서울대를 비롯한 국내 대학에서도 앞다투어 도입하고 있다.

---

48 캡스톤 프로젝트(capstone project)는 미국 대학에서 졸업반 학생들이 한 학기 동안 수행하는 팀별 프로젝트로 여러 분야의 협업을 통하여 실생활에 관련된 문제에 대한 혁신적인 해결책을 제시하는 프로젝트를 말한다.

존스홉킨스대학의 데이터 사이언스 과정은 보건대학원 소속 통계학 전공 교수 3인이 개발을 주도하였으며, 총 10개의 강좌로 구성되어 있고, 2021년까지 수강생은 약 45만 명에 이를 정도로 코세라의 대표적인 교육프로그램의 하나로 자리 잡았다. 코세라와 더불어 온라인 교육의 양대 플랫폼 중 하나인 에드엑스의 경우 하버드 대학 보건대학원 통계학 교수인 라파엘 이리재리(Rafael Irizarry) 교수가 총 9개의 모듈로 만든 마이크로 디그리 프로그램이 대표적인 데이터 사이언스 과정이다.

이러한 온라인 교육은 한국의 중등교육에서는 이른바 '인강'(인터넷 강의)이라는 형식으로 많이 제공되지만, 상대적으로 대학강의에서는 사이버대학과 같은 특수교육 기관이 주로 하는 방식으로 그동안 많이 인식되어 왔다. 하지만 팬데믹의 등장으로 전면 온라인 교육은 생각보다 빨리 한국의 대학교육에 자리잡게 되었다. 일반대학에서 기존의 온라인 교육은 군 복무 중 학점취득을 위한 원격 강좌에 초점을 맞추고 있었지만, 역설적으로 팬데믹의 영향으로 다양한 교과목의 온라인 강좌 개설이 가능하게 되었다. 서울대의 경우 2022년 현재 학부생의 경우 매학기 6학점까지 온라인 과목 수강이 가능하며 대학원생의 경우 졸업학점의 20%까지 온라인 과목으로 이수가 가능하게 최근 학칙이 개정되었다. 또한 이러한 양질의 온라인 콘텐츠를 이용하여 대면 수업에서도 플립드 러닝과 같은 새로운 형식의 강의방식 도입이 가능하게 되었으며, 창업 등을 꿈꾸는 학생들이 상대적으로 용이하게 수강을 할 수 있게 되는 등 앞으로의 대학교육에 많은 변화를 가져올 것으로 예상된다.

6. 온라인 교육

가. 온라인 교육의 본격화: MOOC의 등장

우리나라 고등교육에서 원격강의를 본격적으로 도입한 시점은 방송통신대학의 등장으로 볼 수 있다. 방송통신대학은 1972년 서울대학교 부설기관으로 출발한 후, 1982년 서울대에서 독립하여 현재 재학생 수는 10만여 명에 육박하고 누적 졸업생 숫자가 70만 명 이상으로 한국을 대표하는 원격강의 기관으로 자리 잡고 있다.[49]

방송통신대학은 1985년 TV 교육방송으로 시작하였으며, 현재는 방송통신대학 전용 방송사인 OUN 방송대학 TV와 더불어 U_KNOU 캠퍼스라는 온라인 강의 플랫폼을 활용하여 강의를 제공하고 있다. 온라인 교육은 인터넷을 이용하여 원하는 시간에 강의를 들을 수 있다는 것을 의미하는 것으로 간주하는 것이 적절하다. 그런 관점에서 온라인 교육의 본격적인 등장은 2001년 9개의

---

49 한국방송통신대학교 역사기록관. https://archives.knou.ac.kr.

사이버대학이 동시에 설립되면서 시작되었다고 할 수 있다.[50]

미국의 경우 역시 2000년대 많은 대학들이 앞다투어 원격교육에 온라인 강의를 도입하였다. 2007년 애플은 미국 유수 대학 유명 교수들의 녹화 강의를 아이튠즈를 통해 볼 수 있는 iTunes U라는 서비스를 제공하기 시작했다. 서비스의 인기에 힘입어 애플은 온라인 강의용 앱 iTunes U Education을 만들어서 보급하기 시작한다. iTunes U에서 제공하는 수업은 교실에서 이루어지는 수업을 녹화한 비디오를 제공하거나 녹음한 팟캐스트를 제공하는 단순한 방식이었지만 본격적인 MOOC 교육의 시발점으로 생각할 수 있다.

2010년대 초반에 등장한 다양한 MOOC 플랫폼은 온라인 교육의 대중화에 크게 기여하였다. iTunes U를 비롯한 기존의 온라인 교육은 일방적인 교수 중심의 강의를 단순히 온라인으로 전달하는 것인데 반해, MOOC 플랫폼은 학습자와 교수자, 학습자 간의 상호작용을 가능하게 한다는 점에서 차별성이 있다. 대표적인 MOOC 플랫폼으로 하버드와 MIT 주도의 에드엑스, 스탠포드대학교 교수들의 주도로 만들어진 유데시티(Udacity)와 코세라를 들 수 있다. 2012년에 창립된 에드엑스는 2022년 현재 400만 명 이상이 이용하고 있고, 스탠퍼드대 컴퓨터 공학과 교수 앤드류 응(Andrew Ng)의 주도로 만들어진 코세라의 경우 2021년 기준으로 920

---

50 허준. (2020). 『대학의 과거와 미래』. 서울: 연세대학교 대학출판문화원.

만 명 이상의 사용자를 보유하고 있다고 알려져 있다.[51] 유데시티의 경우 스탠퍼드대의 인기강좌인 〈인공지능입문〉 강의를 담당한 세바스찬 스런(Sebastian Thrun)이 만든 MOOC 플랫폼으로, 앞의 두 플랫폼과 달리 IT 관련 교육에 특화된 교육프로그램을 제공하는 것이 특징이다.

MOOC 플랫폼과 기존의 iTunes U 프로그램의 차이점은 크게 교과과정 제공방식과 자체 온라인 학위과정 유무를 들 수 있다. iTunes U의 경우 기존의 오프라인 강의 수업을 그대로 녹화영상으로 온라인으로 제공하는데 국한되지만, 후발 주자인 MOOC 플랫폼의 경우 상호작용을 기반으로 하는 온라인 강의에 특화된 강의 구성을 제공하고 있다. 아래 그림은 코세라에서 제공하고 있는 앤드류 응의 머신러닝 강좌의 구성 화면이다. 총 11주의 강의로 이루어져 있으며 매주 10분 내외 정도 길이로 2개의 비디오 강의와 강의내용 이해를 점검하기 위한 퀴즈를 제공하고 있다. 이외에도 수강자들이 서로 수업에 관련된 내용을 토의할 수 있는 포럼과 수업에 관련된 다양한 자료를 플랫폼을 통해서 제공하고 있으며, 강의비디오에 다양한 언어로 된 자막을 제공하여 전 세계 여러 나라에서 손쉽게 강의를 볼 수 있도록 하였다.

---

51 Coursera 2021 Impact Report.https://about.coursera.org/press/wp-content/uploads/2021/11/2021-Coursera-Impact-Report.pdf; 나일주 편. (2021). 『글로벌 시대 묵스의 이해』. 서울: 학지사.

<그림 8> 앤드류 응의 머신러닝 강좌 코세라 사이트

두 번째 특징인 온라인 학위과정의 경우 크게 학위과정과 자격 인증 과정으로 나눌 수 있다. 자격인증 과정은 학위과정보다는 단시간의 교육과정을 통해서 자격증을 획득하는 과정으로, 코세라에서는 전문자격과정, 유데시티와 에드엑스에서 각각 나노 디그리와 마이크로 디그리라는 이름으로 제공하고 있다. 유데시티의 나노 디그리의 경우 주요 IT기업과 파트너십을 통한 IT에 특화된 교육 과정이 주를 이루고 있으며, 코세라와 에드엑스의 전문자격과정과 마이크로 디그리의 경우 대학들과의 연계를 통해서 이루어지고 있다는 점에서 차별성이 있다고 할 수 있다.

온라인 학위과정의 경우 에드엑스에서는 MBA를 포함한 15개 분야의 석사학위를 제공하고 있으며, 분야별로 참여대학은 3-4개 정도이다. 코세라의 경우 석사학위뿐만 아니라 런던대(University of London)과 노스텍사스대(University of North Texas)에서 제공하는 경영학 관련 학사학위 프로그램도 같이 제공하고 있다. 하지만 자격인증 과정과 같은 직무교육과는 달리 학부 교육에서 MOOC가 미치는 영향은 아직 미미한 것으로 간주된다.[52]

MOOC 플랫폼의 또 다른 강점은 다양한 분야의 교과목 제공과 최근 수요가 급증하고 있는 데이터 사이언스와 인공지능에 관한 광범위한 교과목 제공을 들 수 있다. 코세라에서 가장 인기 있는 데이터 사이언스 프로그램은 존스 홉킨스대의 보건통계학자들이 개설한 자격인증 과정으로 2022년 누적 수강생이 120만 명에 육박하고 있으며, 콘텐츠의 증가는 개별화 교육으로도 이어질 수 있다는 점에서 주목할 만하다.

한국의 대표적인 MOOC 플랫폼은 국가평생교육진흥원에서 운영하는 K-MOOC를 들 수 있다. K-MOOC는 2022년 기준으로 총 1,537개의 강좌를 운영하고 있으며 4차 산업혁명 관련 강좌 186개와 인공지능 강좌 119개가 개설되어 있다. 하지만 자격인증 과정은 별도로 제공되고 있지 않고, 개설되는 과목수에 비해 비슷한 성격의 과목들이 많으며 유기적으로 특정 분야에 관한 전문지식을 배우기 위한 커리큘럼이 제공되지 않는다는 것이 단점으로 지적될 수 있다. 이와는 별개로 한국교육학술정보원에서 운영하는

---

52 허준. (2020). 『대학의 과거와 미래』. 서울: 연세대학교 대학출판문화원.

KOCW는 국내 대학의 많은 강의를 온라인으로 제공하고 있다. 하지만 MOOC 플랫폼의 효시라고 할 수 있는 iTunes U 플랫폼이 2021년 연말을 기점으로 애플에서 서비스를 중단하게 된 것처럼 오프라인 강의를 단순히 온라인으로 제공하는 방식은 수명을 다한 것으로 보인다.

그렇다면 앞으로 한국의 MOOC 교육은 어떤 방향으로 발전해 나아가야 할까? 우선 최근 주목받고 있는 공유대학 사업을 통해서 K-MOOC 컨텐츠들이 보다 다양해지고 특히 인공지능, 빅데이터 등과 관련된 내용이 급속히 늘어날 것으로 예상된다. 공유대학 사업은 지역대학들을 중심으로 시작된 사업으로, 지자체와 해당 지역의 여러 대학이 연합하여 지역사업에 필요한 인재양성을 목표로 하고 있다. 여러 대학 간의 협력을 통해 각 대학들이 가진 강점을 서로 공유하여 학위인증 과정과 융복합 전공 학위과정을 제공하고 있다. 2021년부터 시작한 디지털 혁신공유대학 사업의 경우 8개 첨단분야의 해당 인력 양성을 위해 총 46개의 대학이 참여하고 있다.

토드 로즈(Todd Rose)는 그의 저서 『평균의 종말』에서 개개인의 특성을 무시하는 교육과정을 비판하며 개별화 교육의 중요성을 강조하고 있다. 공유대학과 같은 사업을 통해 K-MOOC의 콘텐츠가 더욱 다양해진다면 학생별 특성을 반영한 개별화된 커리큘럼이 가능해질 것으로 기대된다.

나. 팬데믹이 바꾼 세상: 2배속 시청이 죄는 아니잖아!

팬데믹으로 급변한 대표적인 교육환경으로 온라인 교육의 전면화를 들 수 있다. '인강'으로 대표되는 녹화 강의를 통한 교육은 중등교육의 사교육 시장에 굳건히 자리를 잡았고, 최근에는 대학 수준의 주요 이공계 교양과목들도 '인강' 시장에 등장하기 시작했다. 대다수 학생들이 수영강습부터 피아노 레슨과 같이 대면 수업이 아니고는 불가능할 것으로 생각되는 많은 분야를 배우기 위해 유튜브를 이용한다는 사실을 직시한다면 온라인 교육의 범위는 생각보다 광범위하다는 것을 알 수 있다. 이와 더불어 전 세계적으로 MOOC를 통한 다양한 교육과정이 등장하면서 대학교육에서 온라인 교육이 중요한 역할을 하게 되는 것은 시간문제로 보였다. 다만 팬데믹으로 인해 훨씬 단기간에 온라인 교육의 전면화가 이루어지게 된 것은 예상치 못한 일이다.

팬데믹으로 인해 온라인 교육이 전면화되면서 학생들이 서울대학교 학습관리시스템인 eTL에 가장 많이 제기한 불만 중 하나는 녹화영상을 빠른 속도로 볼 수 없다는 것이었다. 고교시절 '인강'을 2배속으로 보는데 익숙한 학생들과 달리, 교수들은 본인들의 강의를 2배속으로 듣는다는 것을 상상도 하지 못했기 때문에 일어난 에피소드이지만, 변화하고 있는 학습환경의 단면을 보여주는 사례로 생각할 수 있다.

많은 교수들은 온라인 강의를 실제 강의실에서 하던 방식대로 녹화해서 학습관리시스템에 영상을 올리는 것으로 생각한다. 하지만 온라인 강의는 대면 강의와 여러 가지 측면에서 다르다. 우선 학생들의 집중력이 대면 강의에 비해서 현저히 낮다는 점에 주목해야 한다. 대부분의 학생들이 유튜브 클립과 같이 10~15분 단위의 동영상 시청에 익숙하다는 점을 고려한다면, 녹화영상의 경우 강의 구성을 짧은 여러 개의 모듈로 만드는 것이 더 효율적일 수 있다. MOOC 3대 플랫폼의 강의가 대부분 이런 짧은 영상으로 이루어져 있다는 사실은 온라인 강의를 위해서는 기존과 다른 방식으로 강의를 운영하는 것이 중요하다는 점을 시사한다. 이러한 짧은 영상의 한 장점은 자투리 시간을 활용한 시청이 가능하다는 것인데, 미적분학과 같은 이론 교과목에서도 각 강의의 길이가 최대 20분을 넘지 않는다는 점이 흥미롭다.

온라인 강의 콘텐츠를 오프라인 강의와 병행해서 활용하는 경우, 학생들의 온라인 수업집중도를 높이기 위해서 오프라인 면대면 학습과 온라인 비대면 학습을 결합한 블랜디드 러닝을 활용하는 것을 고려할 수 있다. 2014년부터 혼합형 학습의 일종인 플립드 러닝이 전 세계적으로 선풍적인 인기를 끌고 있는데, 이는 수업 전에 온라인 학습으로 사전학습을 하고 교실에 와서는 학생들과 교수자가 상호작용하는 학습활동을 하는 것을 말한다. 플립드 러닝을 통하여 강의를 보고 문제기반학습(problem-based learning)을 실시간 수업에 도입을 한다면 학습동기를 유발하여 수업집중도와 참여도도 높아질 수 있을 것이다.

온라인 수업의 가장 큰 장벽 중 하나는 실험·실습 교육이다. 특히 예체능계의 경우 실기 강의를 온라인으로 대체하기 쉽지 않다. 하지만 컴퓨터 실습의 경우 클라우드 시스템을 잘 활용한다면 오히려 실습실을 사용하는 것보다 더 효율적으로 수업을 진행할 수 있다. 예를 들자면 쥬피터 노트북을 이용한 파이썬 교육이나 RStudio 클라우드를 이용한 R실습의 경우 각 학생들의 실습환경을 웹 브라우저만을 이용하여 동일하게 구성할 수 있기 때문에 별도의 실습실 관리가 필요 없고, 학생들의 과제점검이나 코드 오류 지적 등도 보다 손쉽게 진행할 수 있다. 아마도 머지않은 미래에 대학교육에서 모든 학생들이 컴퓨터를 들고 자유롭게 이용할 수 있는 스터디 카페와 같은 공간이 컴퓨터 실습실을 대체할 수 있으리라 생각된다.

온라인 교육은 팬데믹이 사라지더라도 여전히 대학교육의 한 축으로 자리잡을 것으로 보인다. 수강생들이 몰리는 대형강의의 경우 온라인과 오프라인 수업 방식을 병행해 학생들의 수업권을 보장할 수 있는데, 실제 버클리 대학에서 가장 인기 있는 교과목인 〈Data 8〉의 경우 매 학기 1,000명 이상의 수강생들 중 상당수가 온라인으로 수업을 이수하고 있다. 또한 학생들이 보다 활발한 창업 활동과 다양한 인턴 활동 지원을 위해 온라인 수업을 활용할 것으로 기대된다.

서울대의 경우 학부생은 학기당 6학점, 대학원생은 졸업 이수학점의 20%를 온라인 강의 수강을 통해서 취득할 수 있도록 학칙이 개정되었다는 점을 고려한다면 앞으로 온라인 교육이 대학 전체에서 차지하는 비중은 점점 높아지리라 예상된다. 이러한 본격적인 온라인 교육의 등장에 발맞추어 다양한 온라인 자격인증 과정 개발을 추진해야 할 것이다. 특히 K-MOOC의 경우 교과목 숫자에 비해 자격인증과정 개발은 제대로 이루지 않은 실정이다. 과정별로 개발 주체를 명확히 하여 자격인증 과정 내의 교과목들이 유기적으로 연결될 수 있도록 내용을 구성해야 한다. 서울대가 추진하고 있는 학생설계전공의 전면 확대는 이러한 자격인증 과정 개발을 통한 개별화 커리큘럼이 손쉽게 제공될 수 있는지 여부에 따라 성공가능성이 결정될 것으로 예상된다.

7. 미래의 대학에서 강의와 평가는 어떻게 달라져야 하는가?

가. 어떻게 가르칠 것인가에 대한 혁신

대학교육이 지식 전달을 주로 하지 않으려면 무엇을 해야 할 것인가? 다시 말해 교수가 강의를 하지 않으면 무엇을 하란 말인가? 최근에 전 세계적으로 각광을 받았던 플립드 러닝을 대학교육 현장에 적용하려 할 때 가장 많이 들을 수 있는 질문이다.

플립드 러닝은 오프라인 교실 수업과 온라인 수업을 혼합한 혼합형 학습의 한 형태이다. 수업에 오기 전에 온라인 강의를 듣고 강의에서 배운 내용을 적용하는 활동을 교실에 와서 하도록 하는 교수법이다. 기존의 방식이 교실에서 강의를 듣고 그것을 활용하는 과제를 집에서 하던 것이라면, 이 방법은 집에서 강의를 듣고 교실에 와서 과제와 같은 학습활동을 한다는 면에서 '뒤집어진, 혹은 거꾸로 교실'이라는 명칭이 붙여졌다. 2007~2008년 미국의 고등학교 화학 교사들이 수업에 오지 않은 학생을 위해서 강의를 녹화하는 과정에서 흥미로운 현상을 발견하게 되는데, 녹화한 강의를 보고 온 학생들이 수업 활동에 훨씬 몰두하는 현상을 보고 이 수업 모형이 효과가 있음에 착안해 확산시키기 시작하였다. 이 교수법으로 인해 교사의 역할이 '교단 위의 현인'(sage on the stage)에서 '학생 옆의 가이드'(guide on the side)로 변화하고 이를 통한 성공적인 학생 성취가 전 세계적으로 보고되면서 교육 혁신, 교수법 혁신의 화두가 되어왔다.[53]

서울대의 경우 2014년 가을에 플립드 러닝을 도입하였다. 첫 단계는 학생들이 집에서 보고 올 동영상 강의를 녹화하는 일이었는데, 이 작업이 그리 어렵지는 않았다. 교수들은 원래 강의에 익숙했기 때문이다. 단지 학생이 있는 교실에서 하던 수업을 카메라가 있

---

53 Bergmann, J. & Sams, A. (2013). "Flipping for Mastery." *Educational Leadership*, 71(4), 24-29.

는 스튜디오에서 하는 것이 변했을 뿐, 지원 인력도 있었기 때문에 이 과정이 어렵지는 않았고, 학생들도 LMS(Learning Management System)에 올려진 강의를 보고 오는 것에 큰 거부감이 없었다. 문제는 교실에 와서 수업을 어떻게 하느냐였는데, 기존에 강의만 하던 교수들은 이미 온라인에서 강의를 듣고 온 학생들 앞에서 무엇을 해야 할지 난감해했다. 어떤 교수들은 온라인 강의내용을 반복하기도 하였고, 강의 중 이해가 안 가는 부분에 관한 질문을 받기도 하였다. 배운 내용을 활용하는 학습활동을 설계하고, 학생들이 그 지식 적용 활동에 적극적으로 참여하도록 동기를 부여하고 이끄는 역할은 아직 낯설었다.

강의는 교수가 학생에게 어떤 것을 배우도록 하고자 할 때 가장 손쉬운 방법이다. 그러나 학생이 실제 의미 있는 학습을 하게 하고자 할 때에는 썩 좋지 않은 방식일 수 있다. 일방향의 강의는 단기적으로 기억을 평가하는 시험에 도움을 줄 수 있지만, 졸업 후 실생활에서 배운 것을 활용하는 데에는 별로 그렇지 못할 가능성이 크다. 학습은 지식을 전달받아 수동적으로 받아들이는 과정이 아니다. 새로운 정보를 머릿속에 이미 존재하는 다른 정보와 통합하고 새롭고 복잡한 맥락에 적용하는 것이 더 중요하다.

앞서 소개한 미네르바 대학에서도 플립드 러닝 교수법을 적용하고 있다. 미네르바 대학에서의 수업은 모두 온라인으로 이루어지고, 사전에 온라인 강의를 듣고 포럼 수업에 참여하게 된다. 교수는 이 포럼 수업에서 5분 이상 강의를 할 수 없다. 교수는 배운 내용을 적용하는 과제와 학습활동을 설계하고, 그 활동에 학생들이 적극적으로 참여하도록 모니터링하고 동기부여를 한다. 그런데 이것은 강의를 하는 것보다 훨씬 어려운 일이다. 그러나 이 작업에 교수법 혁신의 성패가 달려있다고 해도 과언이 아니다. 기존의 강의가 물고기를 주는 교육이라면 플립드 러닝과 같은 학습자가 중심이 되는 교육은 낚시하는 법을 가르치는 교육이기 때문이다.

나. 학생평가를 어떻게 할 것인가에 대한 혁신

'어떻게', '무엇을' 가르칠 것인가만큼 중요한 것이 '어떻게 평가할 것인가'의 문제이다. '어떻게 평가받느냐'에 대한 정보는 학생들에게 무엇을 성취해야 하는가에 대한 강력한 신호를 보낸다. 학생들은 자신들이 시험에서 무엇을 보여주어야 하는지에 맞추어 학습하기 때문이다.[54] 따라서 교수법과 핵심역량을 혁신한다면 당연히 학생평가도 혁신하여야 한다. 기존의 대학교육에서 학생의 지적 성취는 강의실에 앉아 있었던 시간의 길이와 강의에서 들은 내용을 시험

---

[54] "학생들은 자기가 어떻게 평가받는지, 어떤 것을 보여주어야 하는지에 집중하여, 그 평가 기준과 방식에 정확히 맞춰서 공부한다"(James, R., McInnis C. & Devlin, M. (2002). *Assessing Learning in Australian Universities: Ideas, Strategies and Resources for Quality in Student Assessment*. Melbourne: Centre for the Study of Higher Education.)

에서 얼마나 그대로 되풀이할 수 있는지에 의해 평가되었다. 전 세계 명문대생들의 성실함과 유순함에 대해 미국의 하버드대생,[55] 일본의 도쿄대생,[56] 한국의 서울대생[57]의 경우가 책과 논문으로 나오기도 하였다. 윌리엄 데레저위츠(William Deresiewicz)는 현재 대학에서 배출되는 졸업생들을 '뛰어난 양'(excellent sheep)이라 명명하면서, 대학이 교수가 요구하는 대로 완벽하게 순응하는 순한 양떼를 찍어내고 있다고 비판하였다. 서울대의 사례에 대한 연구도 유순한 양들에게 높은 학점을 주는 대학의 평가제도의 문제점을 지적한 바 있다. 건전한 비판과 깊이 있는 질문과 토론보다는 교수가 강의

---

55 Deresiewicz, W. (2015). *Excellent Sheep: the Miseducation of the American Elite and the Way to a Meaningful Life*. New York: Free Press. (윌리엄 데러저위츠 (2015). 『공부의 배신, 왜 하버드 생은 바보가 되었나?』. 서울: 다른).

56 다치바나 다키시. (2002). 『도쿄대 생은 바보가 되었는가?』. 서울: 청어람미디어.

57 이혜정. (2014). 『서울대에서는 누가 A+를 받는가?』. 서울: 다산에듀; Lee, H. & Lee, J. (2012). "Who Gets the Best Grades at Top Universities? An Exploratory Analysis of Institution-wide Interviews with the Highest Achievers at a Top Korean University." *Asia Pacific Education Review* 13(4), 665-676; Lee, H., Lee, J., Makara, K. A., Fishman, B. J., & Teasley, S. D. (2015). "A Cross-cultural Comparison of the Relationship between College Students' Learning Strategies and Academic Achievement between South Korea and the US." *Studies in Higher Education*, 42(1), 169-183; Lee, H., Lee, J., Makara, K., Fishman, B., & Hong, Y. (2015). "Does Higher Education Foster Critical and Creative Learners? An Exploration of Two Universities in South Korea and the United States." *Higher Education Research & Development*, 34(1), 131-146.

한 내용을 최대한 완벽히 재현할수록 높은 학점이 주어지는 현실을 실증적으로 보여주고 있다.

교육자들이 학생들의 성취를 평가하기 시작한 것은 약 200년 전, 1700년대 후반 영국 대학에서 가장 뛰어난 학습자에게 A를, 그와 다른 사람에게 B를 부여하는 것에서 시작하였다.[58] 이때 학점은 학생들의 사고능력을 일종의 약칭으로 설명하는 시스템이었고, 1800년대 영국과 미국의 학교들은 두 개의 등급만 매겼다. 1800년대 후반에 와서야 A~F 학점을, 20세기에는 이에 +와 -를 부여하여 더 차별화된 학점 체계를 가지게 되었다. 최근에는 MIT 교양수업이나 연세대학교 의과대학의 모든 수업 등에서 Pass/Fail 학점 체계를 채택한 사례, 하버드대학 교육학과에서 학생이 학점 체계를 선택할 수 있게 한 사례들을 중심으로 대학의 학점 체계에 대한 새로운 시도들이 관심을 끌고 있다.

여러 교육학자들과 심리학자, 사회과학자들의 연구를 통해 외적 동기가 오히려 내적 동기와 흥미를 떨어뜨릴 수 있다는 연구 결과가 축적되어 왔다. 성적, 명예, 돈과 같은 외적인 보상보다 지적 호기심, 배우고자 하는 욕망, 지식을 창조하고 성장하고자 하는 의욕과 같은 내적인 동기가 학습을 더 오래 지속시킬 수 있다는 것이다. 대학은 학생들이 내적 동기를 가지고 배움 속에서 깊은 의미를

---

58 Bain, K. (2012). *What the Best College Students Do.* Cambridge, MA: Harvard University Press.

발견하고, 실수를 두려워하지 않고 질문과 아이디어가 넘쳐나는 가운데 새로운 영역을 즐겁게 탐구하는 공간이 되어야 할 것이다.

이를 위해서는 대학의 학생평가 체계를 혁신해야 한다. 현재의 학점 체계는 이해력, 지식 적용 능력 등의 역량과의 상관이 떨어진다는 연구도 수없이 많이 제시되어 왔다. 일례로 마틴 루터 킹(Martin Luther Kig Jr.)은 연설과목에서 C 학점을 받았다고 한다.[59] MIT의 핵심 필수과목에서 Pass/Fail 학점제의 경우는 이수(Pass)의 기준을 매우 높게 설정하여 수월성을 유지하는 방법을 택했고, 연세대 의과대학의 경우는 Pass/Fail 등급에 더해 Honor 학점을 추가하여 더 높은 성취에 대한 평가 방안을 마련하였다. 하버드대 교육학과는 모든 교과목에 학생들이 Pass/Fail 학점제와 A~F 학점제를 각각 달리 선택할 수 있도록 하여 학생의 학업 동기에 도움이 되는 방식을 스스로 판단할 수 있도록 하였다.

최근 교육평가의 지배적인 방향은 평가 과정 자체가 학습이 되어야 한다는 것이다. 기존의 방식이 '학습에 대한 평가(assessment of learning)'이었다면, '학습을 위한 평가(assessment for learning)'가 되어야 한다는 것이다. 교육평가 이론에서는 평가를 총괄평가(summative assessment)와 형성평가(formative assessment)로 구분하는데, 최종적인 결론을 내리기 위한 평가가 총괄평가다. 한편 형성평가는 'form'이

---

59 Bain. K. (2012). *What the Best College Students Do*. Cambridge, MA: Harvard University Press.

라는 단어가 들어가는 데서 알 수 있듯이 무언가를 만들어간다는 의미로, 중간중간 평가를 통해서 더 잘할 수 있도록 평가를 해나 간다는 뜻이다. 따라서 '학습을 위한 평가'는 형성평가를 칭하는 것 이다. 해당 수업의 목표로 설정된 능력을 중간고사 한 번, 기말고사 한 번으로 결론짓는 평가가 되기보다는, 학생이 얼마나 최종 목표 능력에 다가가고 있는지에 대한 피드백으로서의 평가가 되어야 한 다는 것이다. 교수의 입장에서 보면 전체 학생의 학기 중간 시점의 성취는 자신의 교육적 수행에 대한 피드백이 되기도 한다.

8. 대학 행정에서 데이터 기반 의사결정

가. 대학교육의 책무성

캐빈 케리(Kevin Carey)는 『대학의 종말』[60]이라는 책에서 대학의 존재 이유에 대하여 1800년대 후반부터 지금까지 논쟁의 대상이 되어온 세 가지 관점을 소개한다. 첫째, 그 사회의 경제를 뒷받침할 인력을 양성해야 할 실용적인 역할, 둘째, 인간 지식, 즉 학문을 발

---

60 Carey, K. (2015). *The End of College: Creating the Future of Learning and the University of Everywhere*. New York: Riverhead Books.

전, 확장해야 할 연구적 역할, 셋째, 보편적인 지식을 확산해야 할 인문적 역할이 그것이다. 이 중 인재를 양성해야 하는 교육적 책무성은 그 어떤 기능보다 당연하고 원론적인 대학의 임무이다. 다시 말해 대학은 그 졸업생이 우리 사회 각 영역에서 기여할 수 있도록 효과적으로 교육을 해야 할 사회적 책무성을 가진다. 대학에서 4년간 학생들을 어떻게 교육하느냐의 문제는 그 졸업생들이 어떠한 역량을 가지고 졸업하느냐의 문제와 직결되어 있으며, 그들의 역량은 우리 사회의 다양한 영역의 발전을 좌우한다. 물론 한 사회 구성원의 역량은 그가 경험한 가정 및 사회에서의 모든 교육적, 사회적 경험의 총체이겠지만, 대학은 사회로 나가기 전 마지막 공교육의 장이기 때문에 그 책무성이 더욱 부각된다.

이러한 이유로 직업교육의 특성이 강한 보건의료 계열에서는 역량기반교육(competency-based education)[61]을 요구하고, 이에 기반한 교육과정의 효과를 지속적으로 평가할 것을 제도화하고 있다. 예컨

---

[61] 역량기반교육(competency-based education)은 개인과 사회가 요구하는 역량을 규정하고, 그 역량을 갖추는데 필요한 교육을 한 후, 실제 그 역량이 갖춰졌는지 확인하고 평가하는 교육적 접근으로, 교육의 무게 중심을 학문 위주의 '아는 것'에서 '할 수 있는 역량'으로 옮겨야 한다는 패러다임이기도 하다. 학문적으로는 역량 개념이 1960년대부터 논의가 되었지만, 실제 교육 현장에서 관심을 끌기 시작한 것은 1980년대부터로, 교육이 실제 우리 사회에서 필요한 인재를 길러내지 못해 교육공급자와 교육수요자 사이의 괴리가 커질수록 교육의 책무, 역량(competency) 등의 단어가 교육적 논의의 전면에 등장하고 교육 혁신의 화두가 되기 시작했다.

대 의학교육평가원에서는 의과대학의 교육과정에 대해 '대학은 교육과정 평가 체계를 가지고 있어 그 구성요소를 평가해야 함'(ASK2019 의학교육평가 인증 기준 K.7.1.2)과, '학생과 졸업생 코호트를 관리하는 제도가 있어야 하고, 이들을 통해 교육과정의 효과를 평가해야 함'(ASK2019 의학교육평가 인증 기준 K.7.3.1)을 규정하고 있다. 치의학교육평가원에서도 '교육과정 평가 체제가 있어야' 할 것과 '내용 및 범위의 적절성, 교육방법 및 평가 방법의 효과성에 대해 정기적으로 평가하고 그 결과를 근거로 교육과정을 정기적으로 개선해야' 함을 규정하고 있다(치의학교육평가 인증기준 2.3.2, 2.3.3).

대학교육은 특수한 영역의 직업교육이 아니라도, 학생들이 직업세계에서 필요한 보편적인 능력을 길러야 할 의무가 있다. 최근 혁신적인 대학교육의 사례로 종종 인용되는 미네르바 대학은 특정 직업을 위한 전문적 프로그램을 제공하지는 않지만, 직업 세계에서도 성공할 수 있는 교육을 실시한다. 심지어 아직 존재하지 않는 직업에서도 성공할 수 있도록 하기 위한 교육을 한다.[62] 미네르바 대학은 학생들의 삶의 기술 전반을 가르치며, 졸업 후 직업 세계에서의 성공을 위해 경력 관리 서비스를 입학 직후부터 제공하고, 졸업 후 첫 직업을 얻는 과정뿐만 아니라 평생 이 서비스를 제공하며 이러한 교육의 효과를 데이터로 추적한다.

---

[62] Kosslyn, S. M., Nelson, B. (eds) (2017). *Building the Intentional University: Minerva and the Future of Higher Education*. Cambridge, MA: The MIT Press.

나. 대학 교육의 효과성 평가

이상에서 언급한 대학의 교육에 대한 책무성의 핵심은 대학이 일상적인 교육적 역할을 그저 수행하는 것에 머무르지 않고, 실제 교육을 잘하고 있는지 그 효과성을 체계적으로 평가하고 개선하는 데 있다. 그동안 대학은 교육적 책무성을 자각하고 교육의 효과성을 담보하려는 노력을 해왔지만, 실제 교육 효과성과 관련된 다양한 요소를 종합적으로 분석, 평가하여 교육의 질을 향상시키기 위한 체계적이고 전문적인 시도는 상당히 부족했다. 다시 말해 대학은 교육을 잘하고 있는지, 그렇지 않은지 스스로 정확히 알지 못한 채 교육을 해 오고 있다는 말이다.

교육과정과 같은 프로그램을 평가하는 것에 대한 전통적이고 대표적인 이론 중 하나인 커크패트릭 모델(The Kirkpatrick Model)의 경우 프로그램의 평가를 네 단계로 시행할 것을 제안하고 있다.[63] 1단계는 프로그램에 대한 반응 및 만족도를 보는 것인데, 대학에서 강의 평가가 여기에 속한다. 2단계는 교육적 성장을 보는 것으로 지식이 늘었는지, 기술이나 태도에 변화가 있는지를 평가하는 것이며, 교육 현장에서 성취도 시험 등이 포함된다. 3단계는 행동 평가

---

63 Kirkpatrick, D. L. (1994). *Evaluating Training Programs: The Four Levels.* San Francisco, CA: Berret-Koehler; Kirkpatrick, J. D. & Kirkpatrick, W. S. (2016). *Kirkpatrick's Four Levels of Training Evaluation.* Alexandria, VA: ATD Press.

단계로 2단계에서의 배움이 얼마나 실제 활용되고 성과로 이어지는지에 대한 것이다. 대학에서는 대학의 교육을 받고 졸업한 학생이 대학교육이 직업 현장에서 얼마나 도움이 되었는지에 대한 평가 혹은 관련 업계에서 졸업생의 성취와 같은 지표들이 이러한 평가에 속한다. 마지막 4단계는 영향력 평가로 프로그램이 궁극적으로 기관이나 사회에 긍정적인 영향을 미치는지에 대한 것이다. 매우 장기적이고 광범위한 평가이기는 하지만, 해당 교육과정을 이수하고 졸업한 학생이 우리 사회에 얼마나 기여하고 있는지에 대한 평가가 이에 속할 수 있다.

현재 대학에서 주로 실시하는 교육 효과성 평가는 대부분이 1단계에 머무르고 있고, 2단계 평가는 학생 평가의 일환으로 개별 수업에서 진행될 뿐 총체적인 대학교육 효과성 측면에서 이루어지지 않는다. 1단계 평가는 학생 대상 강의 평가와 같은 설문의 형태가 지배적인데, 이 데이터는 잦은 설문조사로 인한 피로도(survey fatigue)로 인해 데이터의 신뢰성에 제한이 있고, 1단계 평가의 데이터는 프로그램의 효과에 대한 매우 단편적인 정보만 줄 수 있기 때문에 대학에서 교육의 효과성에 대한 평가는 사실상 거의 이루어지지 않는다고 볼 수 있다.

요컨대 대부분의 대학은 캠퍼스 안에서 4년을 보낸 학생들이 어떤 교육적 성과를 내고, 이들이 우리 사회에서 어떤 역할과 기여를 하고 있는지에 대해 신뢰할 만한 정보를 가지고 있지 않은 것이 우리의 형편이다. 대학 진학을 앞둔 고등학생들에게도 제한된 정보를 제공할 수밖에 없는 것은 사실상 정보를 모으고 있지 않기 때문이다. 나아가 대학이 어떤 혁신을 하려 해도 무엇을 잘하고 있는지, 무엇을 잘못하고 있는지 객관적으로 파악을 할 수 있어야 정확한 방향을 잡을 수 있는데, 이에 대한 정보가 없으니 주먹구구식의 처방이 제시되기 십상이다.

다. 근거에 기반한 교육적 의사결정의 필요성

대학교육에서 다양한 혁신의 시도들이 있었지만, 그 혁신의 이유와 방향은 근거에 기반했다고 하기보다는 일부 보직 교수진을 포함한 리더십의 의견에 의존하는 경향이 강하다. 대학에서 교육적, 행정적 결정이 어떻게 이루어지는지에 대해 일반에 알려진 바가 많지 않지만, 교육기관인 대학에서 관계자들이 기관을 발전시키기 위해 얼마나 어려운 선택을 하는지, 그들이 좋은 결정을 내리는 것이 얼마나 어려운지는 추측할 수 있을 것이다.

어떤 의사결정에 근거가 있을지라도 그 근거가 타당하며 신뢰할 수 있는 데이터를 기반으로 하는 경우는 흔치 않다. 예컨대, '특정 교과목을 개편해야 한다', '교육 프로그램을 혁신해야 한다', '새로운 학사 제도를 시행해야 한다' 등의 목소리가 제기될 때, 일반적으로 언급되는 근거는 '강의평가가 나쁘다', '학생들의 불만이 많다', '교수들이 다들 문제가 있다'와 같은 단편적인 일화(anecdotal) 정보에 근거하는 경우가 많다. 확실히 해당 교과목에 문제가 있는 것이 맞는 지, 해당 교육과정을 개편해야 할 문제점이 충분히 확인되었는지, 해당 정책이 목표로 삼는 영역이 해결해야 할 문제가 맞는지, 문제 가 맞다면 정확히 어떤 부분이 문제인지 등에 대한 객관적인 근거 는 부족한 채 개혁과 혁신의 당위를 내세우는 경우가 많다.

대학교육은 꾸준하고, 측정 가능하며, 책임감 있는 효과 평가를 근거로 하여 개선되어야 한다. 여타의 사회 제도들은 선진국일수 록 이와 같은 근거 기반 접근을 취해 왔다. 잘 알려진 영국의 라이 프 프로젝트(Life Project)[64]라는 출생 코호트 연구나 미국의 에이징 웰(Aging Well)[65] 코호트 연구들은 정책적 의사결정에 탄탄한 근거 를 제시해 왔다. 영국의 라이프 프로젝트는 헬렌 피어슨(Helen Pearson)이 이끈 출생 코호트 연구로, 1946년에 시작해서 1만 7천 명의 연구 참여자를 대상으로 현재까지 76년간 이어지고 있다. 각 코호 트 구성원들을 출생에서 사망까지 추적하며 그들의 삶과 관련된 사회적 이슈들에 대한 답을 이들로부터 수집된 갖가지 데이터에 기반하여 찾아왔다. 미국의 코호트 연구로 널리 알려진 것 중 하나 가 1938년부터 70년간 세 그룹의 코호트를 대상으로 실시했던 조

---

64 Pearson, H. (2016). *The Life Project: The Extraordinary Story of Our Ordinary Lives.* UK: Penguin Books.

65 Vailant, G. E. (2002). *Aging Well: Surprising Guideposts to a Happier Life from the Landmark Study of Adult Development.* New York: Little, Brown and Company.

지 베일런트(George Vailant)의 연구이다. 하버드 재학생 코호트, 고교 중퇴자 블루칼라 코호트, 천재 여학생 대상 여성 발달 코호트를 구성하여 이들의 삶에서 신체적, 정신적 건강에 영향을 미치는 요소들을 연구하였는데, 각 집단을 위한 정책적 의사결정에 중요한 근거로 자리매김해 왔다.

이러한 코호트 연구처럼 최고 수준의 종단연구는 아닐지라도, 대학이 대학교육의 효과를 살펴보고 그것이 학생들의 재학 중, 졸업 후, 나아가 일생에 어떤 영향을 미치는지를 제대로 파악할 때 비로소 대학에서의 다양한 교육적 경험을 밀도 있게 설계하고 현재의 교육과정을 제대로 개선할 수 있을 것이다. 요컨대 대학의 의사결정은 반드시 양질의 데이터에 근거를 두고 이루어져야 한다.

라. 대학 기관 연구(Institutional Research, IR)를 통한 대학 혁신

대학이 근거 기반 의사결정을 하기 위해 도입할 수 있는 것이 대학기관연구(Institutional Research, 이하 IR)이다. IR은 대학의 교육 활동을 통해 얻어지는 데이터를 체계적으로 연계하고 분석하여 대학교육의 효과를 측정하고, 교육과 관련된 다양한 의사결정을 지원하는 정보를 산출하는 일체의 활동으로, 대학의 '두뇌'라 불리기도 한다.[64]

IR의 대표적인 특징으로는 다음 세 가지를 들 수 있다. 첫째, 대학교육의 질과 대학경영의 효율성을 평가할 수 있는 각종 가용한 데이터를 수집, 관리한다. IR 시스템에서 활용될 수 있는 데이터는 대학의 입학, 졸업, 학위 수여, 교육과정, 재정 등 모든 행정적 데이터와 대학 인트라넷을 통해 수집될 수 있는 정형, 비정형 데이터, 나아가 대학과 관련된 외부 빅데이터, 최소 수준의 설문데이터를 포함한다. 둘째, 이들 데이터를 연결, 종합, 분석하여 관련 지표에 대한 정보를 산출한다. 즉 데이터를 정보화한다. 이 정보는 대학에 대한 팩트북(factbook) 수준의 기술적인 정보, 우수한 사례를 보여주기 위한 정보, 중요한 사안에 대한 대안, 기관 효과성에 대한 공정한 증거, 자원의 효율적 분배를 결정하기 위한 정보 등을 포함한다. 셋째, 이상과 같은 분석의 결과는 데이터 구축 및 분석에 대한 시스템으로 만들어져, 대학 운영에 맞게 정기적, 자동적으로 보고되거나, 특수한 사안에 대해서 보고될 수 있다. 이를 위해 전문인력 집단이 투입되어야 한다.

IR이 교육의 질 향상에 획기적으로 기여하는 것으로 알려졌지만, 우리나라는 1990년 무렵에 소개된 이후 널리 확산되지 못했고 현재 일부 대학(성균관대, 충북대, 서울대)만 초보적인 도입단계에 있

---

66 장덕호. (2015). "미국 대학기관연구(Institutional Research)의 발전과 대학 조직 관리에의 시사점". 『비교교육연구』, 25(3), 255-284; Knight, W. (2014). *Leadership and Management in Institutional Research*. Tallahassee, FL: Association of Institutional Research.

다. 이는 1950년대부터 꾸준히 IR을 발전시켜 현재 대부분의 대학에 IR 기관을 두고 있는 미국의 상황과 매우 대조적이다. 교육의 효과성을 평가하고 질을 관리하는 것은 대학의 핵심과업이며, 또한 대학을 효율적으로 경영하고 그 질적 경쟁력을 높이는 것이 마땅히 최우선 과제임에도 불구하고 IR이 한국 대학 내에서 확산되지 못하고 있다. 여러 이유가 있겠지만 무엇보다 장기적이고 비교적 대규모의 투자가 필요하기 때문일 것이다. 해외의 경우 10명 안팎, 대규모 연구 중심 대학에서는 20명 내외의 전문가 조직이 대학에 맞는 데이터를 수집, 분석하는 시스템을 설계하여 운영하고 있다.[67] 또 아직 객관적인 데이터와 정보가 교육의 질 향상을 위해 환류되도록 하기 위한 대학의 법적, 제도적 자율성이 충분히 확보되지 않았고, 대학의 리더십에서 교육의 효과성 평가에 대한 필요성을 충분히 인식하지 못한 탓도 있는 것으로 보인다.

IR이 수립하고 관리하는 방대한 데이터는 대학의 의사결정과 관련된 다양한 이슈에 대한 분석을 가능하게 한다. 대표적인 사례만 언급하자면, 입학 전형별 학생들의 성취도 차이 분석을 통해 입학 전형 전략을 개선할 수 있고, 학생 등록률, 휴·복학, 전과 등의 학적

67 배상훈·윤수경. (2016). "한국대학에서 대학기관연구(Institutional Research) 도입 관련 쟁점과 시사점". 『아시아교육연구』. Vol. 17 No. 2, 367-395; 신현석·전재은·유은지·최지혜·강민수·김어진. (2015). "미국 대학기관연구(Institutional Research) 사례 분석 및 시사점: 연구중심대학을 중심으로". 『교육문제연구』. 28(2). 201-229.

에 대한 데이터를 분석하여 학생들의 대학 생활 중 중대한 결정 요인을 파악하여 지원책을 마련할 수도 있다. 또 대학의 시설이나 대학 생활에 대한 만족도 데이터를 통해서 학생 복지를 위한 방안을 간구할 수 있으며, 학생들의 학습 결과 분석, 수강과목, 성과 분석, 단대별 및 학과별 비교, 교수진, 연구실적 등의 다양한 데이터를 연결하고 분석하여 의사결정을 지원할 수 있다. 졸업생의 졸업 후 취업, 진로, 사회 영향력 등에 대한 정보를 종단적으로 수집하여 학교의 중장기 발전계획이나 재정 투입에 반영하는 작업도 매우 중요하다.

미시적인 관점에서는 최근 온라인 수업을 진행하면서 다양한 층위의 정보를 용이하게 수집할 수 있는 바, 이를 통해 학생의 성취를 예측하고 필요한 개입을 설계하며 지원할 수 있게 된다. 예컨대 퀴즈 점수가 어떤 패턴이면 유급할 가능성이 높은가? 중간 경고를 언제 줄 것인가? 과제 동영상 강의를 얼마만큼 충실히 시청하였나? 어떤 학생이 동영상 강의를 실제 시청한 것인가? 과제 충실도가 기말 성적에 어떤 연관이 있는가? 어떤 요인이 높은 학점을 가지고 오는가? 이처럼 교수자가 수업의 효과적인 설계를 위해 가질 수 있는 질문들에 대한 답을 데이터가 해줄 수 있다. 이처럼 미시적 교육 데이터를 분석하는 분야를 학습분석학(learning analytics)이라 칭하는데, 이는 IR의 중요한 구성요소이다.

대학이 어떤 방향으로 어떤 혁신적인 시도를 하건 실제 그러한 노력들이 힘을 얻고 효과를 거두면서 정착하려면 반드시 IR을 통해서 이를 지원해야 한다. 대학의 혁신은 구성원들의 설득과 동의가 이루어졌을 때 비로소 탄력을 받게 되는데, IR이 제공하는 데이터와 근거들은 구성원들을 설득하는데 큰 자원이 된다. 또한 진행 과정에서 그 혁신이 실효를 거두고 있는지에 대한 근거 역시 제공받을 수 있기 때문에 불필요한 정치적인 논쟁에서 벗어날 수도 있다.

교육 혁신의 중요한 방향 중 하나는 개별화 교육인데, 역사적으로 극소수의 상류층에게만 가능했던 집중적이며 개별화된 교육을 공교육에서 가능하게 하기 위해서는 빅데이터와 인공지능 기술이 활용될 수 있다. 교육의 개별화는 인공지능의 발전과 방대한 양의 교육 데이터에 의해 가속화되어 학생의 고유한 강점, 요구사항, 약점, 목표에 따라 학생에게 맞는 교육적 경험을 수정하고 개선하는 데 사용될 것이다. 미네르바 대학은 모든 강의를 온라인에서 진행하는데, 이들이 말하는 온라인 강의의 숨겨진 가치 중 하나는 온라인 학습활동을 통해 생성되는 빅데이터라고 할 수 있다. 온라인의 모든 학습활동은 접속 시간, 접속 빈도, 학습 활동량, 퀴즈의 오답률과 같은 기본적인 데이터, 학습 관리 시스템의 활동 로그 데이터는 물론 학생들의 모든 마우스 클릭까지 세세하게 기록될 수 있으며, 이렇게 축적된 빅데이터를 분석하여 같은 과목이라도 개별 학생들의 특성과 수준에 맞게 교육 방법과 내용을 변화시킴으로써 학습 효과를 극대화할 수 있다는 것이다. 개별화된 학습환경에서 공부한 학생들은 천편일률적인 교육 설계로 인해 느끼는 좌절감을 경험하는 일이 줄어들 것이다. 동시에 학생들이 낮은 기대 수준의 평범한 강의에서 표류할 가능성도 줄어들 것이다.

마. 향후 과제

대학의 교육적 책무성을 위해 대학교육의 효과성을 객관적이고 체계적인 데이터에 근거하여 평가해야 한다고 주장하였다. 이를 위해 무엇보다 중요한 것은 대학의 철학과 인재상을 점검하는 것이다. 대학과 관련한 데이터를 수집하고 분석하는 데 있어서 가장 중요한 것은 어떤 질문에 답하기 위해서 어떤 평가 지표를 기준으로 데이터를 모으고 분석할 것인가의 문제이기 때문이다. 대학의 철학 및 핵심 가치와 인재상은 그러한 핵심적인 질문과 지표의 기준이 되어야 한다. 대학의 혁신은 기능의 변화가 아니라 철학과 관점의 변화에서 시작해야 한다.

대학은 대규모의 데이터가 무한정으로 생산되는 곳이다. 의도적으로 설문 등을 통해 모으려 하지 않아도 운영 과정에서 다양한 데이터가 생겨나는 조직이다. 데이터가 정보가 되려면 시스템 설계에 집단 지성이 발휘되어야 한다. 즉 대학의 주요 이슈와 질문을 구성원들의 논의를 거쳐 발굴해야 한다. 우리 대학이 어디를 보고 어디를 향해 나아가고 있으며, 우리가 확인하고 평가해야 할 사안들이 무엇인지에 대해 중지를 모아야 한다. 이는 대학의 리더십만 관여할 문제도, 행정 조직의 인력들만이 관여할 문제도 아닌 대학의 학생, 교수, 직원 등 모든 구성원들이 머리를 맞대고 조직의 발전을 위해 함께 고민해야 할 문제이다.

IR의 가장 큰 가치 중 하나는 그것의 환류(feedback) 기능이다. 데이터를 모으고 분석하여 보고서가 나온다 해도 그것이 중요한 정보로 의사결정에 영향을 미치지 못한다면 그 가치가 발휘될 수 없다. 의사결정에 반영된 후에 그 효과에 대한 평가가 다시 이루어지는 등의 환류고리가 발전적인 방향으로 계속 돌아가야 한다. 이를 위한 IR 조직과 실행 및 환류 조직이 통합된 모델이 필요할 것이다.

아직 IR은 그 법적, 제도적인 면에서 풀어야 할 과제들이 많이 남아 있다. 예산, 조직, 전산화/데이터화, 법적/윤리적 문제에 대해 면밀히 검토하고 IR이 그 효과를 발휘하기 위한 걸림돌들을 제거해 나가야 한다. 가장 대표적인 문제는 개인 정보 활용 관련 규제이다. 최근 교육 관련 기관의 정보공개에 대한 특례법[68]에 의해 교육 관련 정보를 투명하게 공개하도록 하는 여건이 일부 조성되었지만, 학생에 대한 식별 가능한 정보를 구축할 수 없게 하는 개인정보보호법[69]은 여전히 데이터를 연계하여 분석하는데, 나아가 대학의 혁신에 걸림돌이 되고 있다. 이는 교육을 더 잘하기 위한 목적에 대해서 교육기관이 학생들의 정보를 당사자 동의 없이 사용할

---

68 개인정보 보호법. https://www.law.go.kr/법령/개인정보보호법.

69 교육관련기관의 정보공개에 관한 특례법. https://www.law.go.kr/법령/교육관련기관의정보공개에관한특례법.

수 있도록 한 미국의 '가족의 교육권 및 프라이버시 법[70]과 대조적인 부분이다. 이런 법적 토대를 기반으로 개별 학생들의 가족 내력, 인종, 진학 기록, 학업 성취, 취업, 임금 수준 등에 대한 전 생애 분석이 가능하고 이와 같은 정보공개와 분석을 통해 국가와 민간의 합리적인 의사결정을 뒷받침하게 된다. 우리나라도 이와 같은 여건이 마련되면 학교 데이터, 지역사회, 국가 데이터, 고등교육통계조사와 대학정보공시제를 통해 공개된 공공 데이터 등과 연계하여 교육의 거시적인 효과를 평가해 볼 수가 있을 것이다.

IR을 통한 교육의 효과성 분석과 교육 개선은 교육적 소신 없이 데이터만 보는 지나친 데이터 기반(data-driven) 접근을 지양해야 한다. 소수의 근거가 빈약한 의견에 따라 움직이는 교육 방식에서 벗어나 보다 합리적 근거 기반 교육적 의사결정이 대학의 교육과 행정에 중요한 방향으로 자리 잡아야 할 것이다.

---

70 Family Educational Rights and Privacy Act (FERPA) (20 U.S.C. § 1232g). https://www2.ed.gov/policy/gen/guid/fpco/ferpa/index.html.

V. 에필로그: 미래를 대비하는 서울대의 공동비전
(SNU Consensus)

우리는 이 책에서 현재 고등교육 생태계에 대한 진단으로부터 출발해, 유연한 연결 플랫폼이자 집단지성의 산실로서 대학의 미래상을 제시하였다. 그리고 이를 실현할 수 있는 교육 혁신의 문제를 강조하면서 그 구체적인 방안을 다각도로 모색하였다. 이제 책을 마무리하면서 지금까지 제시한 비전과 방안을 서울대의 상황에 비추어보고자 한다.

정부와 사회로부터 많은 지원과 관심을 받는 서울대는 분명 국내 대학생태계 속에서 차지하는 비중이 크다. 서울대의 변화는 한국의 고등교육체계와 연구생태계의 변화와 분리될 수 없다. 대학 혁신의 요구가 높아지는 지금, 서울대는 2011년 법인화의 취지와 성과를 냉철하게 검토하고 평가해야 한다.

변화의 열망을 모으는 계기가 되었던 법인화는 시대의 변화에 대응해서 대학 교육과 연구의 수월성과 자율성을 확보하기 위한 시도였다. 법인화 이후 서울대의 변모는 『서울대학교 법인화 10주년 백서』에 담겨있다. 자율성 확보와 재정 확충이라는 법인화의 목적을 달성하기 위해 그동안 많은 혁신의 노력을 경주해 왔다. 대학 발전의 청사진 제시, 창의·융합 교육의 내실화와 다변화, 연구역량 강화 및 산학협력 기반 구축, 사회공헌과 국제화 활동의 확대와 체계화, 효율성을 높이기 위한 거버넌스와 조직 개편, 지속가능한 재정 확보를 위한 전략 수립 등 전방위적 노력을 기울였고, 어느 정도의 성과를 거두었다. 물론 『백서』는 미진한 부분을 수정보완하기 위한 다각도의 계획과 제언도 보여준다.

산적한 과제를 성공적으로 달성하기 위한 전제조건은 서울대의 자구적인 변화의 노력이다. 혁신을 통해 교육과 연구의 활력을 살리고, 사회적 책무를 다하지 못하면 안정적인 재정 확보도 어렵다. 자율성은 외부의 간섭이 없는 소극적 자유와 달리 적극적인 자기혁신을 통해서만 얻어진다. 학문의 다양성을 보장하면서도 부분의 발전을 네트워크 전체의 존재 이유와 결합시키는 내부적 중심이 구축되지 않으면, 대학은 자율성을 잃고 권력과 돈의 수하에 놓인다. 또한 대학 내부의 관료적 경직성과 관행적 규제를 스스로 벗고 유연성을 확보하려는 노력도 자율성의 실천이다. 자율의 주체에 따라 자율성에 대한 이해는 다르다. 자율성은 개별 교수와 학생, 학과와 단과대학의 부분적 자율성과 함께 대학 전체의 자율성을 포괄한다. 여기에서 부분의 합리성과 전체의 합리성은 많은 경우 상충한다. 그리고 획일적인 학칙과 경직된 규정에 의존해 부분과 전체의 이익을 조화하는 데는 한계가 있다. 이제 새로운 방법을 모색해야 한다.

우리는 앞서 미래의 대학이 다양성(diversity)과 연결(connection)을 혁신의 원리로 삼아야 한다고 주장하였다. 다양성과 연결을 실현하기 위해 기존의 학문분류체계와 그에 상응하는 학사제도와 연구체계를 재편하는 '분리와 결합의 기예'(the art of separation & association)가 필요하다. 물론 교육과 연구체계를 어떻게 분리하고 결합할 것인가의 문제는 대학 구성원 모두의 각성과 공론 형성의 노력을 바탕으로 다루어져야 한다. 그리고 혁신의 실효성을 담보하기 위해서는 대폭적인 재정 확충을 통해 체계적이고 신뢰할 만한 인센티브 시스템을 마련해야 한다.

대학은 네트워크와 플랫폼으로 거듭나야 한다. 연결의 중심을 많이 보유한 플랫폼 구축의 정도가 대학의 역량과 영향력의 척도이며, 차별화된 플랫폼 전략이 활력을 살리는 관건이다. 부분은 전체와의 관계 속에서 존재 이유와 기능을 찾을 수 있다. 서울대도 마찬가지로 한국 사회와 대학생태계, 나아가 세계 지식네트워크와 플랫폼 속에서 존재 이유와 경쟁력을 확보해야 한다.

우선 서울대는 내부의 획일성과 경직성을 탈피해야 한다. 광역의 학문분야별 다원성과 자율성을 보장하고, 학문분야별 국내외 네트워크 형성을 장려하고 지원해야 한다. 개인이나 조직은 자신의 한계 범위를 넘어서는 전략(outreach)을 통해서만 경쟁력을 확보할 수 있다. 학문분야별로 분권화된 자율 단위들이 네트워크와 플랫폼의 형태로 공존하는 모습이 미래 대학의 모습이다.

서울대는 학과와 단과대학 중심의 기존 학제를 개편하고, 학문분야별 국내외 네트워크의 허브 역할을 담당해야 한다. 광역의 '학문분야별' 네트워크가 한국의 대학생태계에 활력을 불어넣는 기반이다. '학부들의 논쟁'을 거쳐 재편된 학문분야별 자율단위들이 국내외를 아우르는 네트워크와 플랫폼을 형성하고 공존하는 생태계가 혁신을 통해 다다를 수 있는 미래 서울대의 모습이다.

서울대는 다양한 사회적 수요에 부응하는 다원적인 학문분야를 포괄하고 있고, 각 분야별 발전을 도모하고 있다. 그럼에도 불구하고 기초역량교육은 고등교육의 토대로서 더욱 강화되고 혁신되어야 한다는 공감대는 유지되고 있다. 교육과정과 방법의 '파괴적 혁신'을 위해서는 미네르바 대학의 실험을 진지하게 검토하고 도입해볼 만하다. '세계를 위한 비판적 지혜의 함양'(Nurturing Critical Wisdom for the Sake of the World)을 목표로 '완전히 능동적인 학습' 방식을 적용하여 비판적 사고력, 창의적 문제 해결 능력, 효과적인 소통과 협업 능력을 키우는 미네르바대학의 하이플렉스(HyFlex) 교육방식은 학업성취도를 높이는 데 기여할 것이다. 시효가 점점 짧아지는 특정 분야의 교과서적 지식보다는 사고방식과 문제 해결 능력을 터득하는 것이 중요하다. 기초역량교육과정은 비판적 사고방식과 다양한 문해력, 그리고 효과적인 의사소통능력을 기르기 위한 핵심교과목들로 구성되어야 한다.

현재 서울대는 혁신의 방향을 '융합'에 두고 있다. 학부의 경우 융합교육의 활성화를 위해 다전공제도(복수전공, 연합전공, 연계전공, 학생설계전공 등)를 확대하고 있으며, 대학원의 경우 기존의 협동과정 외에 융합전공 개설을 추진하고 있다. 그리고 협업적 팀티칭, 융복합연구지원프로그램, 마이크로전공, 학-석사 및 석-박사 연계과정 등학과와 단과대학을 가로지르는 다양한 융합프로그램을 개발하고추진하고 있다. 그러나 기존의 학과와 단과대학의 경직성을 유지한채 시도되는 융합교육과 협업연구는 한계를 가질 수밖에 없다. 융합과 협업은 참여자들의 확장된 인식지평을 기반으로 해야 실질적인 성과를 거둘 수 있다.

융합과 협업은 '관료제형 대학'의 획일성과 경직성으로부터 벗어나야 가능하다. 내부의 획일적이고 관료적인 규제와 관행적 타성의 한계를 직시하고, 미래지향적 관점에서 유연하게 교육과 연구의활력을 살리려는 노력이 절실하다. 다양성과 연결의 혁신 원리를실현하기 위해서는 학과중심 학사구조와 틀에 박힌 교과편성과 내용을 개편하고, 학생 및 교수의 소속과 평가체계도 혁신해야 한다.그리고 혁신에 유리한 탄력적이고 분권화된 거버넌스를 구축하기위해 권한과 책임을 교육과 연구 권역 및 자율단위에 부여해야 한다. 분야별 교육과 연구 활동을 실질적으로 지원하는 분권화된 거버넌스는 재정과 인사 권한 위임, 자율적 책임 행정 실현, 전문성과 경험을 갖춘 행정 책임자 양성을 통해 실현가능하다.

참고문헌

〈단행본과 논문〉

고재석·원용준·이천승. (2015). "대학인성교육, 어떻게 할 것인가?". 『한국교양 교육학회 춘계국제학술대회 발표집』. 335-362.

김대석·성정민·김경성. (2020). 『잠재적 교육과정의 이론과 실제: 아이들의 눈 으로 본 학교와 교실 이야기』. 서울: 박영story.

김승연·김수경. (2015). "교양교육에서 대학활동 경험이 시민교육역량에 미치 는 영향". 『교양교육연구』. 제9권 제4호. 11-44.

김종서. (1987). 『잠재적 교육과정의 이론과 실제』. 서울: 교육과학사.

김혜영·유지현. (2020). "대학의 시민교육 프로그램 개발 및 운영사례 연구". 『시민인문학』. 제38호. 9-32.

나일주 편. (2021). 『글로벌 시대 묵스의 이해』. 서울: 학지사.

남기원. (2021). 『대학의 역사』. 서울: 위즈덤하우스.

다치바나 다카시. (2002). 『도쿄대 생은 바보가 되었는가?』. 서울: 청어람미디 어.

문용린·김지영. (2003). "국제비교를 통해 본 한국 대학의 민주시민교육", 『대 학교육』. 124호. 75-87.

민철구·우제창·송완흡. (2003). "대학의 Academic Capitalism 추세와 발전방 향." 과학기술정책연구원.

박상영. (2020). "한국 민주시민교육의 정치학: 보수·진보 진영의 학교 민주시 민교육 정책 분석 (2003-2020)". 『시민교육연구』. 제52권 3호. 1-33.

배상훈·윤수경. (2016). "한국대학에서 대학기관연구(Institutional Research) 도입 관련 쟁점과 시사점". 『아시아교육연구』. Vol. 17 No. 2, 367-

395.

배지현. (2013). "잠재적 교육과정의 재개념화를 위한 잠재적 교육과정 이론에 대한 평가". 『교육과정연구』. 제31권 1호. 1-27.

서현진. (2012). "민주주의 심화와 민주시민교육: 한국과 미국의 고등학교 정치교육에 관한 비교 연구". 『의정연구』. 제18권 3호. 105-137.

설규주·정원규. (2020). "학교 민주시민교육을 위한 교육원칙 연구: 한국형 보이텔스바흐 합의를 위한 시론적 제안과 적용". 『시민교육연구』. 제52권 2호. 229-260.

신현석·전재은·유은지·최지혜·강민수·김어진. (2015). "미국 대학기관연구(Institutional Research) 사례 분석 및 시사점: 연구중심대학을 중심으로". 『교육문제연구』. 28(2). 201-229.

우기동. (2013). "대학 시민교육, 그 철학적 토대". 『시대와 철학』. 제24권 3호. 237-263.

윌리엄 맥어스킬. (2017). 『냉정한 이타주의자』. 전미영 옮김. 서울: 부키.

이동수 편. (2013). 『시민교육과 대학』. 고양: 인간사랑.

이동수 편. (2017). 『한국 대학 시민교육의 매뉴얼: 방법과 실제』. 고양: 인간사랑.

이혜정. (2014). 『서울대에서는 누가 A+를 받는가?』. 서울: 다산에듀.

자크 데리다. (2021). 『조건 없는 대학』. 조재룡 옮김. 파주: 문학동네.

장덕호. (2015). "미국 대학기관연구(Institutional Research)의 발전과 대학조직 관리에의 시사점". 『비교교육연구』, 25(3), 255-284.

채진원. (2013). "세계화시대 대학교육의 이념과 시민교육적 과제", 『인문사회과학연구』 제39집. 5-42.

허준. (2020). 『대학의 과거와 미래』. 서울: 연세대학교 대학출판문화원.

후마니타스 칼리지 교양교육연구소. (2016). 『제2의 탄생』. 경희대학교 출판문화원.

Arum, R. & Roksa, J. (2011). *Academically adrift: Limited learning on college campuses.* Chicago: University of Chicago Press.

Bain, K. (2012). *What the Best College Students Do.* Cambridge, MA: Harvard University Press.

Bergmann, J. & Sams, A. (2013). "Flipping for Mastery." *Educational Leadership,* 71(4), 24-29.

Carey, K. (2015). *The End of College: Creating the Future of Learning and the University of Everywhere.* New York: Riverhead Books.

Christensen, C. M. & Eyring, H. J. (2011). *The Innovative University: Changing the DNA of Higher Education from the Inside Out.* San Francisco: Jossey-Bass.

Deresiewicz, W. (2015). *Excellent Sheep: the Miseducation of the American Elite and the Way to a Meaningful Life.* New York: Free Press.

Jackson, P. W. (1968). *Life in Classrooms.* New York: Holt, Rinehart and Winston.

James, R., McInnis C. & Devlin, M. (2002). *Assessing Learning in Australian Universities: Ideas, Strategies and Resources for Quality in Student Assessment.* Melbourne: Centre for the Study of Higher Education.

Jordan, M. I., & Mitchell, T. M. (2015). "Machine learning: Trends, perspectives, and prospects." *Science.* 349(6245). 255-260.

Kirkpatrick, D. L. (1994). *Evaluating Training Programs: The Four Levels.* San Francisco, CA: Berret-Koehler.

Kirkpatrick, J. D. & Kirkpatrick, W. S. (2016). *Kirkpatrick's Four Levels of Training Evaluation.* Alexandria, VA: ATD Press.

Knight, W. (2014). *Leadership and Management in Institutional Research.*

Tallahassee, FL: Association of Institutional Research.

Kosslyn, S. M. & Nelson, B. (eds) (2017). *Building the Intentional University: Minerva and the Future of Higher Education.* Cambridge, MA: The MIT Press.

Lee, H. & Lee, J. (2012). "Who gets the best grades at top universities? An exploratory analysis of institution-wide interviews with the highest achievers at a top Korean University." *Asia Pacific Education Review* 13(4), 665-676.

Lee, H., Lee, J., Makara, K. A., Fishman, B. J., & Teasley, S. D. (2015). "A cross-cultural comparison of the relationship between college students' learning strategies and academic achievement between South Korea and the US." *Studies in Higher Education*, 42(1), 169-183.

Lee, H., Lee, J., Makara, K., Fishman, B., & Hong, Y. (2015). "Does higher education foster critical and creative learners? An exploration of two universities in South Korea and the United States." *Higher Education Research & Development*, 34(1), 131-146.

Pearson, H. (2016). *The Life Project: The Extraordinary Story of Our Ordinary Lives.* UK: Penguin Books.

Pink, D. H. (2009). *Drive: The Surprising Truth about What Motivates Us.* New York: Riverhead Books.

Singer, P. (1981). *The Expanding Circle: Ethics and Sociobiology.* New York: Farrar, Straus & Giroux.

Suissa, J. (2015). "Character Education and the Disappearance of the Political." *Ethics and Education.* 10(1): 105-117.

Vailant, G. E. (2002). *Aging Well: Surprising Guideposts to a Happier Life from the Landmark Study of Adult Development*. New York: Little, Brown and Company.

Veblen, T. (2007). *The Higher Learning in America: A Memorandum on the Conduct of Universities by Business Men*. New York, NY: Hill & Wang.

〈언론과 웹사이트〉

개인정보 보호법. https://www.law.go.kr/법령/개인정보보호법.

교육관련기관의 정보공개에 관한 특례법. https://www.law.go.kr/법령/교육관련기관의정보공개에관한특례법.

서울대학교 공과대학 홈페이지. https://eng.snu.ac.kr/.

서울대학교 글로벌사회공헌단 홈페이지. https://snusr.snu.ac.kr/.

서울대학교 자연과학대학 홈페이지. https://science.snu.ac.kr/.

《중앙일보》. 2019년 5월 6일. "여성 대통령도 나왔는데…여성이 고소득층 못될 확률 '사상 최고'". https://www.joongang.co.kr/article/23459666#home.

한국방송통신대학교 역사기록관. https://archives.knou.ac.kr.

《헬로디디》. 2020년 7월. ""패권국 이끌어달라" 80대 여걸, KAIST에 676억 쾌척". https://www.hellodd.com/news/articleView.html?idxno=72406.

ALA Literacy Clearinghouse. "Digital Literacy". https://literacy.ala.org/digital-literacy/.

Bloomberg, M. (November 18, 2018). "Michael Bloomberg: Why I'm Giving $1.8 Billion for College Financial Aid". *The New York Times*. https://www.nytimes.com/2018/11/18/opinion/bloomberg-college-donation-financial-aid.html.

Calling Bullshit. https://www.callingbullshit.org.

Coursera 2021 Impact Report. https://about.coursera.org/press/wp-content/uploads/2021/11/2021-Coursera-Impact-Report.pdf.

Dolan, K. (April 6, 2021). "Forbes' 35th Annual World's Billionaires List: Facts And Figures 2021". (April 6, 2021). *Forbes*. https://www.forbes.com/sites/kerryadolan/2021/04/06/forbes-35th-annual-worlds-billionaires-list-facts-and-figures-2021/?sh=dce20f95e587.

Drucker, P. (March 10, 1997). "Seeing Things as They Really Are". *Forbes*. https://www.forbes.com/forbes/1997/0310/5905122a.html?sh=1c-4ce66624b9.

Family Educational Rights and Privacy Act (FERPA) (20 U.S.C. § 1232g). https://www2.ed.gov/policy/gen/guid/fpco/ferpa/index.html.

Fuller, T. (2007). "Does Human Knowledge Double 5 Years?". http://newsfan.typepad.co.uk/does_human_knowledge_doub.

Long Night of Science(Lange Nacht der Wissenschaften). https://www.berlin.de/en/events/2096550-2842498-long-night-of-the-sciences.en.html.

OECD. (2019). "Transformative Competencies for 2030." https://www.oecd.org/education/2030-project/teaching-and-learning/learning/transformative-competencies/in_brief_Transformative_Competencies.pdf.

Stanford University. "Statistics for Social Good". https://stats-for-good.stanford.edu/project-spotlights.

Tylervigen.com. "Spurious Correlations". https://www.tylervigen.com.

저자 소개

유홍림(서울대 정치외교학부)

미국 럿거스대학교에서 정치학 박사학위를 받았고, 현재 서울대학교 정치외교학부 교수로 재직 중이다. 서양정치사상사와 현대정치사상을 강의하면서, 리더십과 시민성 등 공동체적 삶의 조건과 공동선의 실현 방안을 연구하고 있다. 서울대학교 사회과학대학 학장, 대학신문사 주간, 한국정치사상학회 회장, 한국정치학회 부회장 등을 역임했으며, 주요 저서로는 『현대 정치사상 연구』(2003), 『현대 정치와 사상』(역서, 2005), 『전쟁과 정의』(공역, 2009); 『인권의 정치사상』(공저, 2010); 『서양 고대 중세 정치사상사』(공저, 2011), 『정치학의 이해』(공저, 2019), 『현대정치의 위기와 비전』(공저, 2020), 『정치사상과 사회발전』(공저, 2021) 등이 있다.

김기현(서울대 철학과/인지과학협동과정)

미국 애리조나대학교에서 박사학위를 받았으며, 미국 오클라호마 대학교 교수를 거쳐 현재 서울대학교 철학과에 재직 중이다. 마음이 어떻게 작동하는 가에 대하여 관심을 가지고 있다. 인식론을 탐구하여 세계에 대한 지식이 어떻게 이루어지는가라는 질문에 대답하고자 하였고, 또한 심리 현상이 물질계에서 어떻게 형성되는가, 심리 현상은 물질현상으로 정의될 수 있는가 등의 문제에 관심을 가져왔다. 뇌과학과 인지심리학 등의 자연과학적 탐구를 철학적 탐구와 연결하는 작업을 진행해 왔다. 한국분석철학회 회장, 인지과학회 회장, 한국철학회 부회장을 역임하였다. 서울대에서는 교무처장과 인문대학 교무부학장을 역임하였다. 『현대인식론』(1998), 『지식의 최전선』(공저, 2002), 『공존과 지속』(공저, 2019) 등을 저술하였다. "사람다움이란 무엇인가?"에 대한 저술을 진행 중이다.

김주형(서울대 정치외교학부)

미국 인디애나대학교에서 정치학 박사학위를 받았고, 현재 서울대학교 정치외교학부에 재직 중이다. 주로 서양 근·현대 정치사상과 민주주의 이론을 연구하고 가르친다. 시민참여를 통한 '민주적 혁신'과 시민교육, 한국 현대 정치사에 대한 이론적 분석 등으로 관심을 확장하고 있다. 주요 논문으로 "The Social and the Political in Luhmann"(2015), "숙의와 민주주의"(2018), "포퓰리즘과 민주주의"(공저, 2020), "민주적 혁신의 개념과 유형"(공저, 2021) 등이 있다.

민기복(서울대 에너지자원공학과)

스웨덴 왕립공과대학에서 공학박사(지질공학) 학위를 받았고, 현재 서울대학교 에너지자원공학과에 재직중이다. 독일연방지질과학연구원과 미국로렌스버클리국립연구소의 객원연구원을 역임했다. 땅속 수백 미터 혹은 수 킬로미터 지하 암반의 열, 수리, 역학적 복합거동 예측이 전공으로, 방사성폐기물의 지하처분이나 지열 에너지와 같이 지구를 대상으로 한 보다 효율적이고 환경친화적인 개발을 연구하고 있다. 현재 관련 분야 저명 국제학술지인 〈국제 암반 및 자원공학회지(International Journal of Rock Mechanics and Mining Sciences)〉의 부편집장을 맡고 있다. 서울대학교 공과대학 기획부학장과 서울대학교 글로벌사회공헌단 개발협력센터장을 역임하는 등 대학의 사회공헌 및 리더십 교육에 관심이 많다. 저서로 대학사회공헌(공저, 2020) 등이 있으며, 지하암반의 복합거동, 암석의 방향의존적 성질 관련 국내외 논문 70여 편을 발표하였다.

이지현(서울대 치의학대학원 치의학교육학 전공)

서울대학교 교육학과 교육공학 전공으로 박사학위를 받고, 서울대학교 치의학대학원 교수로 재직중이다. 플립드 러닝, 팀기반 학습 등과 같은 학습자 중심 교수법, 교육 매체 및 정책, 역량기반 교육, 근거기반 교육 프로그램 평가, 보건의료 교육 현장의 미시적, 거시적 이슈들에 관심이 있다. 주요 논문으로 "역량기반 대학 커리큘럼의 방향 탐색"(2015), "한국 대학교육 혁신에 있어 교육공학의 공헌 및 미래 방향"(2016), "Development of an Instructional Design Model for Flipped Learning in Higher Education"(2017), "Instructional Changes Instigated by University Faculty during the COVID-19 Pandemic"(2021), "What Affects Learner's Higher-Order Thinking in Technology-Enhanced Learning Environments"(2022) 등이 있다.

장원철(서울대 통계학과)

미국 카네기멜론 대학에서 통계학 박사를 받았으며 조지아대학 교수를 거쳐서 서울대 통계학과 교수로 재직 중이다. 천문학, 유전학, 역학, 뇌인지과학, 정치학 등 다양한 분야의 학자들과 학제간 연구를 진행하고 있다. 과학자와 일반 대중과의 소통에 관심이 많으며 정보의 홍수 시대에 중요한 디지털 문해력 교육을 위해 노력하고 있다. 주요 저서와 논문으로『헬로 사이언스: 내일의 과학자를 위한 아름다운 과학시간』(공저, 2014),『모든 것의 수다』(공저, 2019), "Estimation of the Case Fatality Rate Based on Stratification for the COVID-19 Outbreak"(공저, 2021), "How Many Participated in Candlelight Protests? Counting the Size of a Dynamic Crowd"(공저, 2022) 등이 있다.

대학의 미래

발행일 1쇄 2022년 8월 31일

지은이 유홍림·김기현·김주형·민기복·이지현·장원철
펴낸이 여국동

펴낸곳 도서출판 인간사랑
출판등록 1983. 1. 26. 제일-3호
주소 경기도 고양시 일산동구 백석로 108번길 60-5 2층
물류센타 경기도 고양시 일산동구 문원길 13-34(문봉동)
전화 031)901-8144(대표) | 031)907-2003(영업부)
팩스 031)905-5815
전자우편 igsr@naver.com
페이스북 http://www.facebook.com/igsrpub
블로그 http://blog.naver.com/igsr
인쇄 인성인쇄 **출력** 현대미디어 **종이** 세원지업사

ISBN 978-89-7418-432-2 03300